生活技能 098

開始在土耳其自助旅行

U0010317

作者◎吳靜雯

太雅

「遊土耳其鐵則」

☑ 感心的土耳其人，請帶好人卡！

理由：在土耳其旅遊，遇到幫忙付車票是很常見的善行。土耳其人對遊客（尤其是罕見的東方人），大多相當友善，總是大方又自然地出手幫忙，一直讓人想發出好人卡。當然，在一些大城市也偶有遊客被陌生人搭訕，帶去天價酒吧等受騙的情況，旅遊時心要開，記得眼也要開，好好判斷當下情況。

（常見騙術參見P.219）

☑ 別對凱末爾國父說不敬的話！

理由：土耳其人大部分都非常尊敬他們的國父凱末爾，絕對不要說任何不敬的話語。其實，應該說避免談政治，土耳其人對於政治的熱衷程度，應該不低於台灣的藍綠對決吧！

☑ 左親一下、右親一下，真高興見到你！

理由：土耳其人見面時，總會親熱地抱在一起，左親一下臉頰、右再親一下，互相問候打招呼，展現愛朋友的熱情。

☑ 蘋果茶你喝，熱燙燙的紅茶我喝！

理由：無論外面的太陽有多大、雪有多厚，我們土耳其人隨時都要來一杯熱燙燙的紅茶。不知從何開始，觀光客只要一進紀念品店，店家就會送上蘋果茶，那可是觀光客專屬喔！

◄ 遊客專屬的蘋果茶

☑ 尊敬伊斯蘭宗教的習俗！

理由：土耳其應該是伊斯蘭教國家裡最西化、開放的國家，玩起來相當自在。但有些小城市仍較為保守，避免穿太短或太暴露的服飾，女性進清真寺記得帶頭紗（建議女性遊客隨身攜帶圍巾），齋戒月期間不要在大庭廣眾之下毫無忌憚地吃喝，尤其是，絕對不可以喝酒！每天5次的喚拜時間，算是伊斯蘭教徒讓自己的心沉靜與主接近的時間，這段期間盡量安靜不喧鬧。

▲ 土耳其人也熱愛打麻將

▲ 土耳其早餐相當豐盛，來訪土耳其可得好好享用一頓全餐

旅行必知的 指標&單字

Çıkış
出口

Havalimanı
機場

Otogar
Otogar 巴士站

Metro
地鐵站

Döviz
匯兌所

Nur-U Osmaniye 街道名稱，**Caddesi** 路，**Fatih** 區名

Dolmuş
常見的共乘小巴，便宜、路線又廣

Servis
接駁車

長途巴士，Metro 為最大的長途巴士公司之一

Otobüs
市區巴士

Taksi
計程車

Dur
停

Tuvalet Bay/Bayan
廁所男／女

Şehir merkezi / Centrum
市中心

Cami
清真寺

編輯室提醒

出發前，請記得利用書上提供的 Data 再一次確認

　　每一個城市都是有生命的，會隨著時間不斷成長，「改變」於是成為不可避免的常態，雖然本書的作者與編輯已經盡力，讓書中呈現最新最完整的資訊，但是，我們仍要提醒本書的讀者，必要的時候，請多利用書中的電話，再次確認相關訊息。

資訊不代表對服務品質的背書

　　本書作者所提供的飯店、餐廳、商店等等資訊，是作者個人經歷或採訪獲得的資訊，本書作者盡力介紹有特色與價值的旅遊資訊，但是過去有讀者因為店家或機構服務態度不佳，而產生對作者的誤解。敝社申明，「服務」是一種「人為」，作者無法為所有服務生或任何機構的職員背書他們的品行，甚或是費用與服務內容也會隨時間調動，所以，因時因地因人，可能會與作者的體會不同，這也是旅行的特質。

新版與舊版

　　太雅旅遊書中銷售穩定的書籍，會不斷再版，並利用再版時做修訂工作。通常修訂時，還會新增餐廳、店家，重新製作專題，所以舊版的經典之作，可能會縮小版面，或是僅以情報簡短附錄。不論我們作何改變，一定考量讀者的利益。

票價震盪現象

　　越受歡迎的觀光城市，參觀門票和交通票券的價格，越容易調漲，但是調幅不大（例如倫敦），若出現跟書中的價格有微小差距，請以平常心接受。

謝謝眾多讀者的來信

　　過去太雅旅遊書，透過非常多讀者的來信，得知更多的資訊，甚至幫忙修訂，非常感謝你們幫忙的熱心與愛好旅遊的熱情。歡迎讀者將你所知道的變動後訊息，善用我們提供的「線上回函」或是直接寫信來 taiya@morningstar.com.tw，讓華文旅遊者在世界成為彼此的幫助。

太雅旅行作家俱樂部

So Easy 098

開始在土耳其自助旅行

作　　　者　吳靜雯
攝　　　影　吳靜雯

總　編　輯　張芳玲
書系企劃　taiya旅遊研究室
編輯部主任　張焙宜
企劃編輯　邱律婷
特約主編　徐湘琪
修訂主編　黃　琦
修訂編輯　劉怡靜
封面設計　余淑真
美術設計　吳美芬
地圖繪製　吳美芬
修訂美編　余淑真

太雅出版社
TEL：(02)2882-0755　FAX：(02)2882-1500
E-mail：taiya@morningstar.com.tw
郵政信箱：台北市郵政53-1291號信箱
太雅網址：http://www.taiya.morningstar.com.tw
購書網址：http://www.morningstar.com.tw
讀者專線：(04)2359-5819分機230

出 版 者　太雅出版有限公司
　　　　　台北市11167劍潭路13號2樓
　　　　　行政院新聞局局版台業字第五〇〇四號

法律顧問　陳思成律師

印　　　刷　上好印刷股份有限公司　TEL：(04)2315-0280
裝　　　訂　東宏製本有限公司　TEL：(04)2452-2977

二　　　版　西元2020年01月10日
定　　　價　399元
(本書如有破損或缺頁，退換書請寄至：台中市工業30路1號
太雅出版倉儲部收)

ISBN 978-986-336-364-4
Published by TAIYA Publishing Co.,Ltd.
Printed in Taiwan

國家圖書館出版品預行編目資料

開始在土耳其自助旅行 / 吳靜雯作.
　——二版. ——臺北市：太雅, 2020.01
　　面；　公分. ——（So easy；98）
ISBN 978-986-336-364-4（平裝）

1.自助旅行　2.土耳其

735.19　　　　　　　　　　　108018122

旅遊土耳其
你最想知道的問題

Q1 土耳其自助旅行安全嗎？

A 整體來講並不需太過擔心，土耳其人多親切好客。然而前幾年因恐攻事件不斷，確實也令遊客卻步。恐攻多以首都安卡拉或伊斯坦堡這樣的大城市為主。若旅遊當地時發生這樣的事件，建議可以將行程多安排在小城鎮。此外，單獨旅行的女性應注意陌生男性搭訕，而單行的男性更要注意被帶去喝花酒的騙術。在伊斯坦堡的小巷內若遇上任何掉東西在地上的擦鞋小販，即使是反射性動作幫忙撿起東西，送還後馬上往前走，不要讓他們有繼續演下去的機會。

Q2 土耳其自助旅行方便嗎？

A 到處都可以買當地旅遊行程，而且幾乎是一訂好旅館，馬上就會收到旅館的來信，提供當地的旅遊資訊，並詢問是否需要代訂當地行程。

Q3 土耳其人怎麼樣？

A 超級好心、熱情，整趟行程能感受到滿滿的溫情。由於有些城市的巴士需要使用當地的交通卡付費，常會遇到主動協助的當地人伸出援手，也常會遇上要求一起合照的當地人。

Q4 大概需要安排多少天？

A 至少 7 ～ 9 天較能涵蓋各經典城市，14 天以上最理想。

Q5 語言不通怎麼辦？

A 一般觀光區的服務人員都會說英文，小城鎮會說英文的人較少，但年輕人多會使用手機翻譯軟體，以簡單的英文單字溝通。出國前可先在智慧型裝置安裝 Google Translate 翻譯軟體。

Q6 水龍頭的水能喝嗎？

A 不能，建議購買礦泉水。

Q7 應該帶什麼樣的行李？

A 若常需要搭大眾運輸移動，建議後背包，較方便行動。土耳其許多城市地勢起伏較大，例如伊斯坦堡、番紅花城等，帶大行李較不方便，可多利用計程車。

Q8 土耳其是個規定嚴格的伊斯蘭教國家嗎？

A 土耳其人雖然多為遜尼派伊斯蘭教，不過土耳其憲法保障人民宗教信仰的自由，並沒有將伊斯蘭教列為國教，人民對於其他宗教也持尊敬、寬容的心態。

再加上，土耳其經過西化後，已是伊斯蘭教國家中最開放自由的國度，服裝也自由許多。但東部高原地區較為保守，不宜穿短褲、露肩或甚至不要穿拖鞋；女性進清真寺一定要圍上頭巾、脫鞋（大部分可租借頭巾）。

作者序

Go Turkey！感受當地熱情、人文繽紛的驚奇旅程

行旅間，除了欣賞人文風景，要讓人對一趟旅行回味無窮，旅途中的人情交流，或許才是主要的催化劑吧！

否則一個地方再美，人情淡薄，終究成不了旅人心中那個可以説上一輩子的國度。而土耳其就是這樣一個可以讓人回國後，對著未曾到訪、或曾經到訪過的同好，一再稱讚這塊土地上的風景人文有多繽紛，人民有多熱情友善的地方。

別猶豫、別躊躇啊，讓我們聽著土耳其觀光局的話：「Go Turkey！」為自己規畫一趟驚奇又感動得直想發好人卡的旅程吧！

關於作者

吳靜雯

深愛歐洲深邃的人文，眷戀亞洲溫厚的底蘊，更迷醉於土耳其這歐亞交融、人民身上又隱隱散發著粗獷草原味的國度。期望自己能做個盡責的旅遊職人，為大家精簡繁雜的旅遊資訊，人人都可快速上手，盡情享受旅遊的樂趣。

出版作品：太雅個人旅行書系《英國》《真愛義大利》《Traveller's 曼谷泰享受》《泰北清邁・曼谷享受全攻略》、So Easy 書系《開始在義大利自助旅行》《開始在義大利購物 & 看藝術》《指指點點玩義大利》《開始在越南自助旅行》《開始在泰國自助旅行》《開始在土耳其自助旅行》等等。

目 錄

02 遊土耳其鐵則
03 旅行必知的指標**&**單字
06 行前**Q&A**
07 作者序

124

購物篇

126 土耳其特色商品
132 購物折扣期
133 購物注意事項
134 退稅

20

認識土耳其

22 土耳其小檔案

64

交通篇

66 長途交通工具
83 伊斯坦堡市區交通

30

行前準備

32 旅遊行程規畫
39 蒐集旅遊情報
40 旅行證件準備
43 機票與航空公司
44 旅費與匯兌
47 打包行李

88

住宿篇

90 土耳其住宿指南
92 網路訂房教學
95 必體驗特色住宿
98 各城市住宿推薦

210

通訊篇

212 打電話
215 上網

52

機場篇

54 出入境與轉機
60 伊斯坦堡國際機場
61 如何從機場往返市區

108

美食篇

110 土耳其經典美食
122 飲食快易通

217

應變篇

218 安全守則
220 發生緊急狀況

136 玩樂篇

\ 旅行小講堂 /

28 認識伊斯蘭教與清真寺
118 土耳其茶文化
119 土耳其咖啡
120 土式傳統早餐
121 抽水煙
131 土耳其橄欖
138 傳統土耳其浴初體驗
140 土耳其旋轉舞
150 拜占庭風藝術鑲嵌畫
168 Cookistan烹飪課
169 王子島1日順遊

142 伊斯坦堡

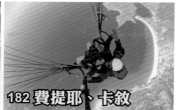
182 費提耶、卡敘

170 布爾薩

186 安塔利亞

175 恰納卡萊、貝加蒙

189 棉堡

202 孔亞

177 阿拉恰提

192 玫瑰城、湖區

204 尚利烏爾發

179 以弗所

194 卡帕多奇亞

207 番紅花城

Welcome to Turkey

奇幻的國度，神祕的時空

Byzantine Art
拜占庭的鑲嵌畫
東羅馬帝國遺留的
珍貴藝術

Islam & Mosque
信仰的中心
莊嚴靜穆的伊斯蘭清真寺

Turkish Patterns
土耳其花紋
東方感的幾何線條與
色彩演繹的視覺美

Mediterranean Blue

讓人心空的地中海湛藍

Aegean Breeze

愛琴海岸迷人的 IG 小鎮

Explore
在城市中漫步，小巷裡探險
感受現代與古老之間穿越的驚喜

Lovely Turkish

土耳其人好客又爽朗
旅人不知不覺也感染了他們的歡樂

Craftsmanship

原來土耳其精湛的手工藝品來自職人們的專注

旅人到土耳其最想體驗的12件事

1

到卡帕多奇亞搭熱氣球、住洞穴旅館 **P.197**

2

去一趟伊斯坦堡的藍色清真寺與聖蘇菲亞教堂 **P.146**

3

到雪白棉堡看定格的奇幻瀑布 **P.189**

4

欣賞墜入完美之境的蘇菲教派旋轉舞 **P.140**

5

上一堂烹飪課，和同學一起上市集採買&吃吃喝喝 **P.168**

6

搭渡輪展開博斯普魯斯海峽、愛琴海及地中海藍色之旅 **P.161**

7

到布爾薩感受歡樂的土式生活 **P.170**

8

逛番紅花小鎮的鄂圖曼老房舍 **P.207**

內姆魯特山山頂巨石像及尚利烏爾發先知之城 **P.204** **10**

9

11

12

體驗讓人煥然一新的土耳其浴 **P.138**　　安塔利亞、卡敘地中海度假 **P.185**　　大膽嘗試費提耶死海滑翔翼 **P.184**

古蹟歷史之旅・TOP 3推薦

以弗所遺跡群
媲美龐貝羅馬古城

**安塔利亞
考古博物館**
收藏豐富的考古博物館

**內姆魯特山
尚利烏爾發**
可蘭經聖地

其他知名古蹟

水底羅馬城&西亞遺址｜貝加蒙衛城｜阿斯潘多斯
千年羅馬古劇場｜恰納卡萊・特洛伊木馬傳說

認識土耳其
About Turkey

土耳其，是個什麼樣的國家？

土耳其橫跨歐亞大陸，經歷過西臺帝國、波斯、希臘、拜占庭、塞爾柱、鄂圖曼帝國的統治，絢爛的古文明色彩與多變的地貌，使她顯得神祕又風姿萬千。在走入這奇幻異域前，先來認識土耳其的現今與過去吧！

土耳其小檔案

「突厥」民族，地處歐亞非要衝，是古絲路的重要門戶，被譽為文明的十字路口。

☪ 土耳其小檔案 01

地理 | 面積約為台灣的21倍

人稱土耳其人為「歐洲的東方人、歐化的亞洲人」，因為土耳其是少數跨歐亞的國家，歐洲區稱為色雷斯(Thrace)，亞洲區稱安納托利亞(Anatolia)或小亞細亞(Asia Minor)。土耳其人(Türk)，中國譯為「突厥」，源自新疆到裏海一帶的歐烏斯族卡耶部，也就是漢朝稱的「西域」。國土範圍北至黑海，西臨愛琴海(西北接希臘、保加利亞)，南濱地中海(東南與敘利亞、伊拉克相鄰)，東以高原與伊朗、亞塞拜然、亞美尼亞、喬治亞相鄰。

☪ 土耳其小檔案 02

貨幣 | 里拉：台幣，匯率約1：5

土耳其里拉(Türk Lirası，簡寫為TL)，貨幣符號：₺。

正面皆為土耳其國父凱末爾肖像，背面為科學史學家Aydin Sayili、數學家Cahit Arf、建築師Mimar Kemaleddin、小說家Fatma Aliye Topuz、作曲家Buhurizade Itri、詩人Yunus Emre。

☪ 土耳其小檔案 03

國旗 | 紅土地上懸著白色星月

紅底是鄂圖曼帝國的象徵，新月星辰代表伊斯蘭教象徵，另也象徵民族進步與獨立。

☪ 土耳其小檔案 04

氣候 | 各地氣候不同，日夜溫差大

土耳其國土遼闊，各地氣候差異也大。伊斯坦堡四季分明，冬季寒冷；卡帕多奇亞地區屬地中海型氣候，又位於內陸，夏季少雨乾熱，冬季嚴寒，記得保暖，尤其是清晨；地中海沿岸則較為溫暖；東部高原地區冬季會降大雪，溫差也較大。各城市每個月氣溫請參見P.47。

貼心 小提醒

最佳旅遊時間：4～5月及9～10月

■**旺季**：聖誕節～新年及復活節長假、7～8月，是最熱也最貴的季節；5～6月及9～10月最舒爽。卡帕多奇亞地區，1～3月冬季寒冷，不過可看到奇岩雪景。

■**土耳其學校暑假**：6月下旬～9月中。

認識土耳其

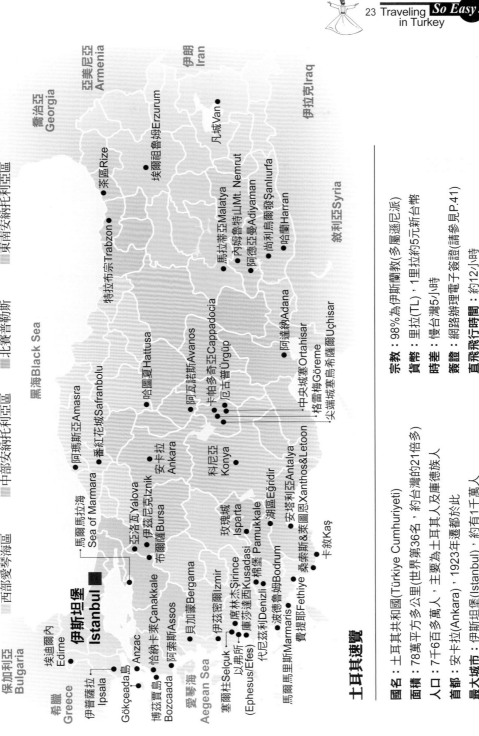

馬爾馬拉海地區
西部愛琴海區

馬爾馬拉海內陸區
中部安納托利亞區

黑海地區
中部安納托利亞區

南部地中海區
北賽普勒斯

東安納托利亞區
東南安納托利亞區

保加利亞 Bulgaria
希臘 Greece
埃迪爾內 Edirne
伊普薩拉 Ipsala
Gökçeada島
博茲加島 Bozcaada
愛琴海 Aegean Sea
阿索斯 Assos
Anzac
塞爾柱 Selçuk
以弗所(Ephesus/Efes)
伊茲密爾 Izmir
席林杰 Şirince
庫莎達西 Kusadasi
代尼茲利 Denizli
棉堡 Pamukkale
波德魯姆 Bodrum
馬爾馬里斯 Marmaris
費提耶 Fethiye
桑索斯&萊圖恩 Xanthos&Letoon
卡敘 Kaş
安塔利亞 Antalya
湖區 Eğridir
玫瑰城 Isparta
科尼亞 Konya
安卡拉 Ankara
亞洛瓦 Yalova
伊茲尼克 Iznik
布爾薩 Bursa
貝加蒙 Bergama
恰納卡萊 Çanakkale
馬爾馬拉海 Sea of Marmara
伊斯坦堡 Istanbul
阿瑪斯亞 Amasra
番紅花城 Safranbolu
哈圖夏 Hattusa
阿瓦諾斯 Avanos
卡帕多奇亞 Cappadocia
烏古普 Ürgüp
中央城塞 Göreme
格雷梅 Ortahisar
尖端城塞烏薩希薩爾 Uçhisar
阿達納 Adana
馬拉蒂亞 Malatya
內姆魯特山 Mt. Nemrut
阿德亞曼 Adiyaman
尚利烏爾發 Şanlıurfa
哈蘭 Harran
特拉布宗 Trabzon
茶區 Rize
埃爾祖魯姆 Erzurum
凡城 Van
敘利亞 Syria
伊拉克 Iraq
伊朗 Iran
亞美尼亞 Armenia
喬治亞 Georgia
黑海 Black Sea

土耳其速覽

國名：土耳其共和國(Türkiye Cumhuriyeti)
面積：78萬平方公里(世界第36名，約台灣的21倍多)
人口：7千6百多萬人，主要為土耳其人及庫德族人
首都：安卡拉(Ankara)，1923年遷都於此
最大城市：伊斯坦堡(Istanbul)，約有1千萬人
語言：土耳其文

宗教：98%為伊斯蘭教(多屬遜尼派)
貨幣：里拉(TL)，1里拉約5元新台幣
時差：慢台灣5小時
簽證：網路辦理電子簽證(請參見P.41)
直飛飛行時間：約有12小時

土耳其小檔案 05

飲水 | 不可生飲

不可生飲，建議購買礦泉水。

土耳其小檔案 06

電壓 | 220伏特

土耳其電壓為220伏特。插座多為圓孔雙頭C型(細腳)，或是B、B3、SE型。

現在的電器用品多為萬國通用電壓，攜帶轉接頭即可。建議購買多孔插座的轉接頭以便充電。

土耳其小檔案 07

銀行 | 銀行及ATM相當普遍

土耳其銀行及ATM都相當普遍，還常可看到聚集各家銀行提款機的ATM區。

土耳其小檔案 08

營業時間 | 齋戒月易變動營業時間

- ● **博物館**：08:30～17:00，大部分週一閉館。
- ● **銀行**：週一～五08:30～12:00、13:30～17:00，週六、日休息。
- ● **一般商店**：09:30～19:00及22:00以後不可販售酒類。
- ● **餐廳**：09:00～23:00，部分餐廳齋戒月不營業。

3分鐘搞懂土耳其歷史

西臺帝國(Hittite)

西元前1650年，安納托利亞地區的原住民西臺人，在哈圖夏定都，並消滅了古巴比倫王國，成為雄霸一方的西臺王國。西元前1200年突然被滅國，並與其他民族融合。至今仍可看到已列為世界遺產的帝國遺跡。

西元前1650～西元前700年

波斯、希臘化時期

西元前750年，腓尼基人及希臘人開始在土耳其的安納托利亞沿岸建立殖民城市(如：以弗所)，並讓科學、藝術、哲學在此開花結果，成為最文明的一區。這個地區曾受呂底亞王國、波斯帝國統治，最後為希臘馬其頓帝國的亞歷山大帝所征服，制度、語言均希臘化。

西元前750～西元前146年

羅馬化時期

西元前323年，亞歷山大帝突然逝世後，帝國分裂，貝加蒙王國統治西安納托利亞大部分地區，直到希臘被羅馬帝國征服後，安納托利亞多數地區也成為羅馬屬地。

西元30年耶穌受刑後，聖彼得及聖保羅仍積極在安納托利亞地區傳教，但3世紀中，羅馬帝國卻開始迫害基督教，直到313年才合法化。

西元前146年～西元395年

拜占庭帝國(東羅馬帝國)統治時期

西元324年君士坦丁一世統一羅馬帝國，330年定都君士坦丁堡(即今日的伊斯坦堡)。395年羅馬帝國分裂為東、西帝國，476年西羅馬帝國被日耳曼人滅亡，但東羅馬帝國(又稱拜占庭帝國)仍承續羅馬帝國制度與文化，並融入希臘文化及當時認為的東方野蠻文化，直到1453年鄂圖曼土耳其打敗拜占庭帝國。

西元330～1071及1261～1453年

C* 土耳其小檔案 09

小費 | 視情況給予

土耳其沒有給小費的習慣，一般餐廳已包含10%的服務費(Servis ücreti)。若不含服務費，可以留下5～10%的小費或找回的零錢。

計程車不須給小費，或者可給整數；行李或客房服務給5～10TL。

C* 土耳其小檔案 10

治安 | 戰爭邊境地區避免前往

土耳其治安雖然不特別差，但在大城市仍要格外小心，別喝陌生人給的飲料，男性尤其要小心坑人的酒吧陷阱。此外，近年鄰國戰爭，難民大量湧入，不建議前往敘利亞邊境。

C* 土耳其小檔案 11

時差 | 比台灣慢5小時

土耳其現已廢除冬令時間，時差為比台灣慢5小時，例：台灣時間16:00＝土耳其時間11:00

C* 土耳其小檔案 12

國花 | 鬱金香

荷蘭著名的鬱金香是來自土國的贈禮，新的伊斯坦堡機場塔樓也設計為鬱金香的造型。

▶土耳其的國花鬱金香

塞爾柱帝國

突厥人(Türk)崛起於6世紀，原為歐烏斯族的卡耶部，後受成吉思汗大軍壓迫，逃到小亞細亞。11世紀於伊朗地區創立塞爾柱國，後來王國分裂，但來到安納托利亞地區的塞爾柱王國卻在13世紀發展到最顛峰，首都孔亞人文薈萃，為伊斯蘭教文明的第一個帝國，直到1243年被蒙古軍收為屬國。這期間拜占庭帝國及塞爾柱王國曾受4次十字軍東征之擾，拜占庭帝國還曾因首都被攻陷，而中斷了50年的時間。

西元1071～1308年

鄂圖曼帝國

13世紀末，以鄂圖曼為族長的一支勢起，開始占領西安納托利亞地區，並定都於布爾薩。鄂圖曼帝國曾被帖木兒軍隊打敗，後來又捲土重來，王國勢力逐漸壯大，1453年終於攻陷君士坦丁堡，結束拜占庭帝國，並開始征戰四方。16世紀塞利姆一世還曾攻下埃及，到了蘇萊曼大帝領土更跨及三大洲，國力達到最高峰。然而17世紀腐敗的蘇丹制度讓帝國停滯不前……。

西元1299～1923年

土耳其共和國

第一次世界大戰慘敗後，土耳其人在凱末爾的帶領下，開始收復領土。1922年凱末爾廢除蘇丹制度，簽訂洛桑條約收回大部分領土。隔年成立土耳其共和制，凱末爾獲選為第一任總統，1928年廢除伊斯蘭國教的憲法條例，採政教分離，並積極推動現代化改革。1983年經濟自由化，國有事業開始私有化，政經社會自此有相當大的改變。

西元1923年

☪ **土耳其小檔案 13**

假日 | 遇長假，請事先規畫

國定假日一覽表

日期	假日	說明
1月1日	新年(Yıl başı)	
1月第三個週日	塞爾柱駱駝相撲(Selçuk Camel Wrestling Festival)	
4月1日、4月7日	Manisa糖果節	
4～6月(日期不定)	開齋日(肉孜節，Ramazan Bayramı)	伊斯蘭曆10月1日，為期3天。
4～7月(日期不定)	齋戒月(Ramazan，英文Ramadan)	伊斯蘭曆第九個月，日出到日落這段期間禁食、自省、禱告、感謝神明。
4月23日	獨立紀念日、兒童節	
5月1日	勞工節	
5月	塞爾柱艾菲索斯國際文化節	
5月19日	阿塔圖爾克紀念日、青少年與體育節	1919年5月19日凱末爾抵達獨立戰爭起點的Samsun市
6月6日～7月19日	阿斯潘多斯古羅馬劇場舞蹈音樂節	
6月20日～26日	埃迪爾內的克爾克普那爾(Kırkpınar)塗油摔角節	
7～9月(日期不定)	古爾邦節(宰牲節，Kurban Bayramı)	伊斯蘭曆12月10日，為期4天，生活較為優渥的人會將祭祀用的羊送給窮人。
7月15日	民主與民族團結日	2016年7月15日軍方發動政變反當時的總統埃爾多安，政變失敗後，政府將這天訂為團結日。
8月30日	戰勝紀念日(Zafer Bayramı)	凱末爾帶領軍民擊退占領伊茲密爾的希臘軍。
10月29日	共和國建國紀念日(Cumhuriyet Bayramı)	

＊每年齋戒月、古爾邦節日期查詢：www.turkeytravelplanner.com/Religion/ramazan_dates.html

 豆知識

四大長假時間表

　　古爾邦節是最大的長假，計畫這段時間旅遊者，前後3天都會是旅行尖峰時間，一定要事先規畫、預訂好交通及旅館。

	齋戒月	貴夜	開齋日	古爾邦節(宰牲節)
2020	4/24～5/24	5/19～5/20	5/24～5/26	7/31～8/3
2021	4/13～5/12	5/8～5/9	5/12～5/14	7/20～7/23

土耳其小檔案 14

土耳其印象 | 土耳其重要的名人名事

●聖誕老人 St. Nicholas

小朋友每年最期待帶著禮物溜進家裡的聖誕老人聖尼可拉斯(St. Nicholas)，他並不是來自寒冷的北歐，而是溫暖的土耳其南部沿海小城Patara。聖尼可拉斯在世時，樂善好施，將父母留給他的遺產拿來幫助窮人。據傳有一次他得知有戶窮人家沒錢嫁女兒，便在夜晚偷偷將裝著錢幣的袋子從煙囪投入那戶人家家裡，後來他從煙囪送禮的名聲也逐漸流傳開來。

●蘇萊曼一世(Suleyman the Magnificent)

塞利姆一世之子，鄂圖曼帝國極盛期的統治者，任內完成了帝國的律法體制，因此又稱為「卡奴尼」(立法者)，統治期間積極推動教育，也是文學、藝術、建築的黃金時期，不但重建聖城耶路撒冷，還下令修建了無數的清真寺、橋梁、水渠等公共設施。這位蘇丹最大的特色是頭戴著大得出奇的頭巾。

●穆罕默德二世(Mehmet II)

又稱征服者穆罕默德(Fatih)，為領軍攻克君士坦丁堡、擊潰拜占庭帝國，並遷都於此的鄂圖曼蘇丹，為鄂圖曼帝國奠下百年基石。

●錫南(Mimar Sinan)

鄂圖曼建築古典時期最偉大的建築師，當時正值歐洲文藝復興時期，與米開朗基羅及達文西同期。善以簡單的構造、完美的幾何，構築出莊嚴和諧之感。最傑出的作品為埃迪爾內的塞利米耶清真寺，最著名的是伊斯坦堡的蘇萊曼尼耶清真寺，最為小巧迷人的是香料市場附近的魯斯坦帕夏清真寺，最創新的設計為米赫里馬赫清真寺。

●凱末爾 (Mustafa Kemal)

土耳其國父。鄂圖曼帝國在第一次世界大戰失去了大部分國土，當時的北方總司令官凱末爾將軍領軍起義，並於1922年廢止蘇丹制度，簽訂洛桑條約收回大部分國土，1923年10月成立土耳其共和國，任第一任總統。《姓氏法》實行後，國會賜予凱末爾「Atatürk」這個姓氏，也就土耳其人的祖先、國父之意。接著開始大刀闊斧進行改革，廢除伊斯蘭國教制度，實行政教分離，男女義務教育、參政權等西方制度，推動土耳其現代化。

●The Standing Man

2013年因伊斯坦堡蓋齊公園(Gezi Park)保護事件，警方暴力驅逐抗議人士後，甘杜茲(Erdem Gündüz)沉默地站在塔克辛廣場，凝視著土耳其國旗及國父凱末爾的肖像長達8小時，後來越來越多民眾加入這場沉默的抗議活動。

●梅夫拉納‧魯米(Mevlânâ Celâleddîn-i Rûmî)

神祕主義教派Mevlevilik的創始人、塞爾柱統治時期的伊斯蘭蘇菲派神祕主義詩人、教法學家，著名的詩韻有：「如同外在所能見到的你，如同內在所能見到的你，成為表裡合一的你。」

●尤努斯‧埃姆雷 (Yunus Emre)

神祕主義教派詩人，第一位以土耳其文創作的詩人，在他遊歷土耳其各地期間，寫出許多啟發土耳其人民的詩句，例如：「如今，我已能對這世間的一切質疑，因我已超脫人世，已揭去遮蔽我雙眼的面紗，與教友團聚」。

◀建築師錫南

認識伊斯蘭教與清真寺

旅行小講堂

土耳其自西元1千年開始信奉伊斯蘭教，雖是伊斯蘭教中最開放、西化的國家，但本質仍是立基於伊斯蘭教，來訪土耳其，若不先認識一下伊斯蘭教，還真有點摸不著門路的感覺。

3分鐘搞懂伊斯蘭教

- **信奉：** 阿拉
- **使者：** 穆罕默德
- **經典：** 可蘭經
- **禮拜五時：** 破曉、中午、下午、日落、晚上(每日朝拜時間查詢：www. namazvakti. com，網頁可切換中文)

▲進入清真寺一定要注意穿著合宜服飾，女性要披上頭巾

▲壁龕，指引聖地麥加的方位

- **禮拜方式：** 喚拜塔會開始廣播，提醒大家禮拜時間。每天禮拜5次、每週五到清真寺集體禮拜、一年2次於「開齋節」和「宰牲節」參與「會禮」，伊斯蘭教曆第九個月為齋戒月(日期請參見P.26)。
- **禮儀：** 進清真寺要男女分開，女性禮拜時必須戴頭紗(請務必隨身攜帶一條圍巾)，朝麥加方向禮拜。
- **伊斯蘭五功：**「念」、「禮」、「齋」、「課」和「朝」為信徒的基本功修。

「伊斯蘭教」、「穆斯林」、「回教」到底有何區別？

一般稱為「伊斯蘭教」，為阿拉伯語al-Islām的音譯，中國則因為元朝時有個「回回」族信仰伊斯蘭教，因此中國將伊斯蘭教稱為「回教」。而「穆斯林」則是阿拉伯語的音譯，字面意思是「信從者」，意指信奉伊斯蘭教的信眾。

哈里發(Khalifa)為阿拉的使者(穆罕默德)繼任者的意思，也是伊斯蘭國家的領袖。

▲講經壇，講解經文之處　▲喚拜塔(宣禮塔)，提醒禮拜時間

▲淨身池，進寺禮拜前要先清理頭(水抹頭髮)、眼、耳、口(漱口)、足(腳底)

齋戒月要注意什麼？

齋戒月為期30天，日出到日落前不可喝水、飲食、抽煙，當然也絕對禁酒。鼓樂隊(Mesaharati)會在約02:30～03:00開始奏起鼓樂，叫醒所有人日出前起床準備早餐(Sahur)。

這段期間大部分的土耳其人會實行齋戒，因此午餐時餐廳人很少。遊客應避免在公共場合飲食，尊重當地文化。伊斯坦堡等大城市較沒有禁忌，現在許多人也不實行齋戒了(有位信徒說：此乃個人與真主之間的事)。

然而，日落晚禱之後，卻是到處一片歡樂，滿城亮起美麗的燈火(Kandil)，家人朋友齊聚在主廣場或清真寺一起用餐。這時的晚餐稱之為Iftar，通常是現烤麵包(Pide)、湯、起司、橄欖、蔬菜等輕食。許多餐廳也會推出齋戒套餐(Ramazan Menu)，伊斯坦堡的餐廳還會提供鄂圖曼傳統皇室料理，其中包括玫瑰水做的甜點「Güllaç」。一些高級餐廳則有現場傳統音樂表演。藍色清真寺前的廣場也會有許多活動及傳統工藝夜市，相當好玩。

▲禮拜毯，男女分開，依列跪在毯上的格位禮拜

▲陽光照耀下的伊斯坦堡新機場天窗，宛如伊斯蘭教的象徵～新月，代表新生、幸福之意

行前準備
Preparation

土耳其，是個什麼樣的國家？

土耳其國土廣大（東西約1,550公里、南北670公里），景點豐富，自助旅行前先做點準備，確實能更省時快捷地走跳土國。然而，土耳其遊客多，再加上他們骨子裡的遊牧性格，境內的巴士路線及套裝行程也相當多，即使沒有先預訂行程，到當地再安排也沒問題。

旅遊行程規畫

土耳其幅員廣大，善用工具即可有效規畫行程。

行前準備流程 *Preparation*

至少1個月前	●排定大略行程 ●準備護照(約4個工作天)→P.40 ●購買機票→P.43 ●搜尋旅遊資訊→P.39 ●搜尋旅館資訊→P.90
至少2週前	●排定當地詳細行程，預訂國內機票(火車及巴士、當地行程都可到當地購買)→P.66 ●線上申請電子簽證(當日)→P.41 ＊電子簽證務必隨身攜帶(列印紙本或PDF檔)
1週前	●換錢或線上換匯到機場領外幣→P.44 ●申辦保險，或到機場臨櫃辦理 ●預訂第一個晚上的旅館或抵達當地再找→P.92 ●了解當地特殊文化、常見安全問題與陷阱→P.218
3天前	●打包行李→P.47 ●確定抵達機場後到旅館或市區的交通→P.61 ●了解該城市的市區交通→P.66 ●了解該城市的大略地理位置(如機場到市區、市區主要景點到旅館)

出發當天	●檢查是否攜帶： □護照　□簽證　□手機 □機票檔案或列印紙本 □歐元或美金(土幣需到當地兌換) □相機　□電池　□充電器

6 大區重要城市速覽 *Regions*

土耳其地理特性及氣候大致可分為6區：

■ **伊斯坦堡與馬爾馬拉海**：伊斯坦堡(Istanbul)、伊茲尼克(Iznik)、布爾薩(Bursa)、恰納卡萊(Çanakkale)，著名的特洛伊遺跡在此

■ **愛琴海**：阿索斯(Assos)、塞爾柱(Selçuk，以弗所遺蹟在附近)、貝加蒙(Bergama)、伊茲密爾(Izmir)、阿拉恰提(Alaçatı)、席林杰(Sirince)

■ **地中海**：波德魯姆(Bodrum)、馬爾馬里斯(Marmaris)、費提耶(Fethiye)、卡敘(Kaş)、安塔利亞(Antalya)

■ **安納托利亞中部**：卡帕多奇亞(Cappadocia)、湖區(Eğirdir)、孔亞(Konya)、安卡拉(Ankara)

■ **安納托利亞東部及東南部**：埃爾祖魯姆(Erzurum)、凡城(Van)、內姆魯特山(Mt. Nemrut)、尚利烏爾發(Sanliurfa)

■ **黑海沿岸**：番紅花城(Safranbolu)、阿瑪斯亞(Amasra)、特拉布宗(Trabzon)、茶區(Rize)

行前準備

旅行天數
Travel Days

可安排9天，但14天最為理想。土耳其各大城市繞一圈，至少需要28天。

全土耳其之旅，28天行程

黑海

阿瑪斯亞Amasra

特拉布宗 Trabzon

茶區 Rizi

伊斯坦堡 Istanbul

Tekirdag

Bolu

番紅花城 Safranbolu

卡敘 Kaş

Callipoli

布爾薩 Bursa

阿瑪斯亞 Amasra

Igdir

恰納卡萊Çanakkale

特洛伊Troy

安卡拉 Ankara

埃爾祖魯姆 Erzurum

愛琴海

貝加蒙Bergama

Cappadocia 卡帕多奇亞

內姆魯特山 Mt. Nemrut

凡城 Van

伊茲密爾Izmir

Göreme

Derinkuyu

Tatvan

塞爾柱Selçuk

玫瑰城Isparta

阿德亞曼 Adiyaman

Diyrbakir

庫莎達西 Kuşadasi

棉堡 Pamukkale

孔亞Konya

Mardin

Aydlin

Denizli

阿斯潘多斯Aspendos

以弗所 (Ephesus/Efes)

安塔利亞 Antalya

Adana

尚利烏爾發 Sanliurfa

地中海

* ☆ 為推薦旅遊的城市
* 土耳其的行程幾乎都得兜一圈，可視個人需求，順時鐘或逆時鐘走

新手旅程規畫Q&A

如何挑選旅行城市呢？

　　土耳其擁有豐富的遺跡，但若是一次排太多此類行程可能會覺得看太多老石塊(例如：愛琴海沿岸連看阿索斯、貝加蒙、以弗所等城市，到最後同伴可能會連呼看夠石頭了)。建議可以挑選其中幾個較有興趣的，再搭配出海遊船、滑翔翼等不同類型的行程，較為豐富。

土耳其很大，旅行天數不夠怎麼辦？

　　土耳其國土遼闊，要有所取捨，否則可能會花許多時間在交通上。例如比較喜歡悠閒度假者，可多安排幾天在愛琴海及地中海沿岸，選一個定點，玩附近景點即可，例如安塔利亞、卡敘。

城市間相距遙遠嗎？推薦的交通方式？

　　是的，城市間的移動花3～4小時是很常見的，有些城市甚至需要7～8小時車程。因此許多自助旅行者會利用夜間巴士，不但可節省時間，還可省住宿費。但若太頻繁的話，也會很疲累，建議有些路線可以利用國內航空，尤其是旅遊時間較短者，提早預訂可買到早鳥優惠票(請參見P.66)。

安排土希跳島、中亞跨國之旅可行嗎？

　　當然可以。除了土耳其境內旅遊之外，由土耳其沿岸搭船到希臘幾個小島也很方便(如羅德島)，可考慮土、希跳島旅遊。到土耳其東部者，還可考慮前往伊朗、亞塞拜然等地區。

行程規畫懶人包
Suggestion

經典 9 天行程 \嚴選必去/

DAY1 出發囉
🛫 台灣出發前往伊斯坦堡(Istanbul)

DAY2 古城文化行
📷 伊斯坦堡古城區景點(路線請參見P.145)
🏠 古城區

DAY3 小鎮悠閒憩
🛫 前往伊茲密爾(Izmir飛行1H或車程6H)
🏠 悠閒小鎮塞爾柱(Selçuk)或濱海小鎮庫莎達西
(Kuşadası)或迷人度假小鎮Alaçatı

DAY4 羅馬古鎮與棉堡醉人日落
🚌 前往以弗所(Ephesus)
📷 參觀以弗所遺址(至少需1.5H，無遮蔭，建議
早點前往)
🚌 前往棉堡(Pamukkale)，車程約2.5～3H
📷 賞棉堡日落
🏠 棉堡溫泉旅館

DAY5 棉堡羅馬浴場與費提耶濱海度假
📷 棉堡遺跡及古羅馬浴池
🚌 前往費提耶(Fethiye)車程約3H，或搭機前往安
塔利亞(Antalya)
🏠 費提耶(Fethiye)或安塔利亞(Antalya)

DAY6 滑翔翼遨遊天際與卡帕多奇亞
📷 滑翔翼或安塔利亞市區觀光
🚌 前往卡帕多奇亞(Cappadocia)，車程約5.5H，或
由安塔利亞搭機前往卡帕多奇亞(Cappadocia)
📷 卡帕多奇亞(Cappadocia)

🏠 格雷梅(Göreme)洞穴旅館
※或可搭夜間巴士前往卡帕多奇亞，將熱氣球延後1天

DAY 7 熱氣球與奇岩
📷 清晨搭熱氣球(需先預訂)
📷 參觀露天博物館及地下城
🏠 格雷梅(Göreme)或尖端城塞(Uçhisar)

DAY8 伊斯坦堡歐洲區
🛫 前往伊斯坦堡(Istanbul)
📷 伊斯坦堡獨立大道周區購物(路線請參見P.169)
及土耳其浴
🏠 卡拉寇伊(Karaköy)或卡拉達塔(Galata)周區

DAY9 滿載而歸
🛫 由伊斯坦堡返回台灣

伊斯坦堡(Istanbul)
土耳其最大的城市，為古王朝的首都，市區留下許多令人讚嘆
的遺跡。此外，新潮設計、古董舊貨街區也相當精采。

棉堡(Pamukkale)
遠觀宛如純白棉絮組構的山丘，此地迷人的夕陽晚霞、神祕的
夜世界，令人直呼走進了奇幻國度。

★ 為推薦必遊

黑海

伊斯坦堡

卡帕多奇亞

棉堡

內姆魯特山

以弗所

尚利烏爾發

安塔利亞

費提耶

愛琴海

地中海

敘利亞

卡帕多奇亞(Cappadocia)

全球各地都有熱氣球，為什麼一定要到土耳其搭乘呢？因為這裡有著獨一無二的奇岩巨石景觀，從高空俯瞰精靈的煙囪、沉浸於朝陽的洗禮，是何等的體驗呀！

卡敘(Kaş)

南部地中海及愛琴海沿岸有許多迷人的濱海度假城鎮，尤其推薦卡敘周區。安塔利亞則是最著名的濱海度假地，古城夜生活充滿了歡樂的氣息。

精簡 **7** 天遊 ＼超ゎ精悍！/

DAY1 出發囉

🛫 台灣出發前往伊斯坦堡(Istanbul)

DAY2 古城文化行

🚶 伊斯坦堡古城區景點(路線請參見P.145)

🏠 古城區

DAY3 卡帕多奇亞奇岩異域

🎈 卡帕多奇亞熱氣球(需先預訂)

🚌 參加綠線之旅

🏠 格雷梅(Göreme)洞穴旅館

※建議善用國內航空節省時間，提早訂票價格合理(參見P.66)

DAY4 卡帕多奇亞紅線之旅

🚶 紅線路線(可自行參觀)

🚌 夜車前往棉堡(Pamukkale)，車程約8H

DAY5 雪色國度或藍色海域

🏞 棉堡石灰棚或安塔利亞濱海度假

🏠 棉堡溫泉旅館

DAY6 伊斯坦堡歐洲區

🛫 伊斯坦堡(Istanbul)

🏛 伊斯坦堡歐洲區：博斯普魯斯海峽遊船、朵瑪巴切宮、歐塔寇伊區(Ortaköy)、卡拉寇伊區(Karaköy)、卡拉達塔區(Galata)、獨立大道、新城區或亞洲區購物及晚餐

🏠 卡拉寇伊區或卡拉達塔區

DAY7 滿載而歸

🛫 由伊斯坦堡返回台灣

14 天暢玩之旅 \細賞土國風情/

DAY1 出發囉

🚢 台灣出發前往伊斯坦堡(Istanbul)

DAY2 古城文化行

🏛 伊斯坦堡古城區景點(路線請參見P.145)
🏠 古城區

DAY3 小鎮悠閒憩

🚢 前往伊茲密爾(Izmir飛行1H或車程6H)
🏠 悠閒小鎮塞爾柱(Selçuk)或濱海小鎮庫莎達西
(Kuşadası)或迷人度假小鎮Alaçatı

DAY4 羅馬古鎮遺跡&棉堡日落

🚌 前往以弗所(Ephesus)
🏛 參觀以弗所遺址(至少需1.5H,無遮蔭,最好
早點前往)
🚌 前往棉堡(Pamukkale),車程約2.5~3H
🏛 賞棉堡日落
🏠 棉堡民宿或溫泉旅館

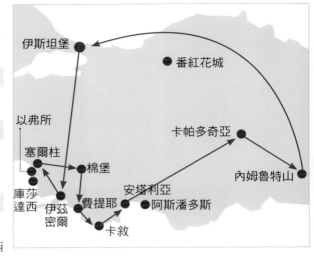

棉堡(Pamukkale)
棉堡遺跡區的羅馬浴場仍對外開放,池內還躺臥著古老的羅馬
石柱,真有在古蹟中泡溫泉的氛圍。

DAY5 棉堡羅馬浴場與費提耶濱海度假

🏛 棉堡遺跡及古羅馬浴池
🚌 前往費提耶(Fethiye),車程約3H
🏠 費提耶(Fethiye)

DAY6 滑翔翼&濱海度假

🏛 早上玩滑翔翼
🏛 遊船出海行程,或前往卡敘(Kaş)
🚌 自駕(約1.5H)或搭巴士

DAY7 濱海小鎮與西亞文明

🏛 卡敘(Kaş)潛水、古遺跡
🚌 前往安塔利亞(Antalya)或阿斯潘多斯(Aspen-
dos)

DAY8 古羅馬劇場遺址

🏛 阿斯潘多斯(Aspendos)遺跡
🚌 回安塔利亞(Antalya)海濱

DAY9 體驗洞穴旅館

🚢 前往卡帕多奇亞(Cappadocia,或可搭夜車,車
程6.5~7H)
🏠 尖端城塞(Uçhisar)或厄古普(Ürgüp)洞穴旅館

番紅花城(Safranbolu)

古色古香的鄂圖曼老城，百年甜品店、葡萄藤下的老咖啡館、古巷中的小工藝品店，真是令人念念不忘的迷人城市。

尚利烏爾發(Şanlıurfa)

拜訪內姆魯特山可順遊亞伯拉罕出生的聖城尚利烏爾發。

DAY10 熱氣球與地下城

- 📷 清晨搭熱氣球(需先預訂)
- 📷 參觀露天博物館及地下城
- 🚌 夜車前往阿德亞曼(Adıyaman)

DAY11 巨神像日出或日落及聖城烏爾發

- 📷 內姆魯特山(Mt Nemrut)賞日出或日落(住Kahta)
- 🚌 前往烏爾發(Şanlıurfa)
- 🏠 烏爾發(Şanlıurfa)

※若不想跑這麼遠或有安全上的疑慮，可將這兩天行程改為番紅花城(Safranbolu)。

DAY12 內姆魯特山／伊斯坦堡

- 📷 參觀烏爾發景點
- 🚌 回伊斯坦堡(Istanbul)
- 📷 土耳其浴、逛卡拉達塔區(Galata)、獨立大道周區
- 🏠 卡拉寇伊(Karaköy)及卡拉達塔(Galata)周區

DAY13 伊斯坦堡歐洲區、亞洲區

- 📷 博斯普魯斯海峽遊船或王子群島、朵瑪巴哈切宮、歐塔寇伊區(Ortaköy)、卡拉寇伊區(Karaköy)、新城區或亞洲區購物及晚餐

DAY14 滿載而歸

- 🚌 由伊斯坦堡返回台灣

伊斯坦堡亞洲區(Kadikoy)

遊客較少拜訪的伊斯坦堡亞洲區，一派的悠閒氣息，街上無數的咖啡館、茶座，不來可惜！

行家密技 土耳其適合自駕行嗎？

當然行。除了伊斯坦堡強烈不建議自駕，也不需要之外，遼闊的土耳其，公路相當寬廣，開起車來舒爽極了。再加上中南部區域的大山大水，景色實在漂亮，自駕遊確實能看到較多美景。此外，機動性會強許多，不需配合巴士班次，也可不先預訂旅館，到當地再依狀況調整停留的時間及地點。

伊茲密爾(Izmir)
伊茲密爾周區的愛琴海岸，有許多迷人的度假小鎮。

16 天開車自駕遊 \公路旅行/

直接在伊斯坦堡機場租車，上高速公路往北開，搭船過海到恰納卡萊(Çanakkale)或由伊斯坦堡搭機到伊茲密爾(Izmir)或安塔利亞(Antalya)，再開始租車。

以下為從伊茲密爾開始租車的簡易路線：

伊茲密爾

▼機場取車後驅車前往Alaçatı或塞爾柱或庫莎達西

以弗所

庫莎達西(Kusadasi)，遊愛琴海
▼

棉堡

溫泉旅館
▼

地中海沿岸：費提耶、卡敘、安塔利亞

▼至少3天2夜，宿費提耶或卡敘

卡帕多奇亞

可在中途停玫瑰城(Isparta)，宿附近的Egirdir湖區。

在卡帕多奇亞停留2晚，若計畫參加當地行程，可在開塞利(Kayseri)還車。

番紅花城(Safranbolu)

▼全程駕車者可繼續前往番紅花城，否則可由卡帕多奇亞搭機回伊斯坦堡

伊斯坦堡(Istanbul)

＊除了伊斯坦堡外，南部的安塔利亞等城市也有班機銜接歐洲各城，可善用Google Flights查詢。

卡帕多奇亞(Cappadocia)
卡帕多奇亞地區除了熱氣球外，也相當推薦綠線的溪谷健行行程，中途還可在溪邊茶座喝茶、吃烤餅。

安塔利亞(Antalya)
接近半夜的安塔利亞茶座，依然高朋滿座！

蒐集旅遊情報

許多管道可獲取土國旅遊情報。另外，當地的實境導航APP比Google Map精確喔！

相關旅遊書籍
Guide Books

★在信徒的國度：伊斯蘭世界之旅
作者：V.S. 奈波爾／出版社：馬可孛羅
★伊斯坦堡：一座城市的記憶、純真博物館、我的名字叫紅、雪
作者：奧罕・帕慕克／出版社：馬可孛羅
★奧圖曼大地巡禮
作者：菲力普・格雷茲布魯克／出版社：馬可孛羅
★呢喃中的土耳其
作者：陳聖元／出版社：遠流出版
★來自土耳其的邀請函
作者：吳鳳／出版社：遠足文化
★伊斯坦堡三城記
作者：貝坦妮・休斯／出版社：究竟

實用網站
Webiste

土耳其觀光局網站：goturkey.com
Turkey Travel Planner：豐富的土耳其旅遊資訊整理，可查到各城市交通及節慶時間：www.turkeytravelplanner.com
Good Morning Turkey：土耳其英文電子報的Art&Culture及Travel版可找到一些較深入的旅遊點：www.goodmorningturkey.com
土女時代：政大土耳其語文學系校友所建構的網站，分享許多土耳其文化及觀光資訊：tkturkey.com
背包客棧：背包客自主分享的旅遊攻略及論壇討論：www.backpackers.com.tw

下載實用 App
App

YANDEX.MAPS

土耳其的Google Map有時不是那麼準確實用，這是當地較精準的地圖，可實境導航。

BITAKSI

當地叫計程車最好用的App，只要選好付款方式(現金、信用卡或Paypal)就可搜尋附近的計程車，傳簡訊即可叫車。

旅行證件準備

需備6個月以上有效護照及簽證。觀光簽證可線上辦理，快速又便利。

護照

Passport

還沒有護照者，或者護照有效期限少於6個月者，須先辦理護照。

必備文件

1. 普通護照申請書乙份
2. 最近6個月內拍攝之彩色(直4.5公分且橫3.5公分，不含邊框)光面白色背景照片乙式2張
3. 有舊護照者繳交尚有效期之舊護照
4. 國民身分證正本及正反面影本1份(或監護人的身分證)。

護照這裡辦

外交部領事事務局(台北)

- http www.boca.gov.tw(可先線上填表並列印出來，節省時間)
- ✉ 台北市濟南路一段2之2號(中央聯合辦公大樓)
- ☎ (02)2343-2807或 (02)2343-2808
- ⏰ 週一～五08:30～17:00，每週三延長至20:00
- ⏰ 工作天：4天，另加費用可速件辦理
- $ 新台幣1,300元

台北以外地區

- ☎ 中部辦事處：(04)2251-0799／雲嘉南辦事處：(05)-2251-567／南部辦事處：(07)7156-600／東部辦事處：(03)8331-041

💗 貼心 小提醒

首次申辦護照須知

- ■ 首次申辦護照者，若無法親赴外交部領事事務局或辦事處辦理的話，須親自攜帶申請護照的應備文件，向戶籍所在地之戶政事務所臨櫃辦理「人別確認」。已有舊護照者，則免辦「人別確認」。
- ■ 未滿14歲者，首次申請護照須由直系血親(需尊親屬)、旁系血親(需三親等內)或法定代理人陪同親自辦理「人別確認」。

未成年人申辦護照須知

需監護人簽名同意。未成年人(未滿20歲，已結婚者除外)申請護照，應先經父或母或監護人在申請書背面簽名表示同意，並附上同意人身分證件。

役男出境應事先申請許可

現役役男應向服役(勤)單位申請出境核准後，再行出國(申辦網站：www.ris.gov.tw/departure/app/)。

已退伍(役)、免役或免除兵役義務者，出國不須申請核准程序，但退伍後短期內要出境，請務必攜帶相關證明文件正本，以備國境人員查驗。

行前準備

簽證

Visa

國人赴土耳其觀光需先辦理簽證，現已簡化為線上申請電子簽證，步驟簡單而便捷，自己上網填寫資料後，便可輕鬆完成申辦，且30天有效的單次觀光簽證為免費。

申請完成後，將電子簽證檔案存放在隨身攜帶的電子裝備上並列印出來，入境土耳其時，出示6個月以上有效護照及電子簽證影本即可通行。

■ **電子簽證辦理網站：**www.evisa.gov.tr
■ **必備文件：**6個月以上有效護照

何時需申請簽證？

至少入境前48小時申請。

■ **最保險的方式：**訂完機票後，確定飛行日期後申請。

■ **簽證使用效期：**有效期內的任何一天都可入境土耳其。單次電子觀光簽證有效日期是從你申請的那天起，半年內均可入境。入境後30天內有效，停留時間若須超過30天，則不適合申請電子簽證，須至土耳其辦事處辦理簽證。

請注意 台灣遊客所申請的電子簽證為多次入境電子簽證。

申請簽證注意事項

■ 電子簽證是單次入境觀光簽證。10～300人的團體，可申請團體旅遊電子簽證。

土耳其辦事處這裡查

土耳其駐華貿易辦事處

http www.taipei.to.mfa.gov.tr
✉ 110台北市基隆路一段333號19樓1905室
☎ (02)2757-7318
🕐 週一～五09:00～12:30

■ 只是轉機不進入土耳其境內的話，並不需要申請簽證。
■ 電子簽證只適用於旅遊觀光，學生或工作簽證需另外申請。

線上申請電子簽證

Visa

 Step 1 進入網站點選中文版

進入電子簽證網站：www.evisa.gov.tr/zh，有中文版(雖然是簡體勉強堪用版)。

 Step 2 選擇「新申請」

點選「申請」下的「新申請」。

Step 3 選擇國家、普通護照

選擇國家、證件種類(普通護照)、輸入安全驗證碼(下面那排歪斜的字母),點選「保存並繼續」。

選擇國家
護照種類
輸入安全
驗證碼

Step 4 填寫抵達日

點選到達日期,下面會顯示簽證有效日期及簽證費用,半年內均可入境,只能入境一次,最多停留30天。

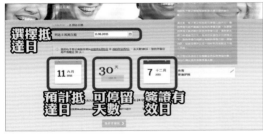

選擇抵達日

預計抵達日　可停留天數　簽證有效日

Step 5 勾選免決條件

勾選下列4個免決條件選項後,送出。

4個選項都勾選

Step 6 填寫個人資料

拿出護照,填寫個人資料。若一次要申請多人簽證,可點選保存資料後,繼續填寫另一個人的資料,否則點選「保存並繼續」。

護照有效期至
證明文件類型
電子郵件地址

證明文件類型
選擇「不存在」

請注意 簽證上的資訊必須跟護照相符,否則無法入境。申請後就無法修改,若有任何錯誤,需申請新的簽證,請務必填寫正確。

■ **證明文件類型**:選擇「不存在」的選項即可。
■ **地址**:須寫英文地址(填寫時可不加標點符號,以空格間隔即可,以免出現錯誤訊息)。
■ **電子信箱及手機號碼**:不用輸入「+」,直接輸入886即可。

Step 7 到信箱收確認信

到自己所留的Email信箱收確認信,點選信中的確認連結到下載電子簽證檔案,建議儲存在手機並印出,辦理登機時需出示有效簽證,記得別放在托運行李,抵達土耳其通關時,也須出示簽證。入境土耳其不需填寫入境卡。

機票與航空公司

提前上網查詢航班、比價，優惠較多。

航空公司 *Airline*

現有土耳其航空直飛伊斯坦堡，直飛時間約12小時。其他轉機航空公司包括：阿聯酋航空、新加坡航空、中華航空、荷蘭航空等。

如何選購機票

可以利用Google Flights(www.google.com/flights)及Wego、易遊網、易飛網這類的網站搜尋航班及比價。

Step 1 選擇訂票條件

選擇出發地點、目的地、日期、人數。若中途要停留其他城市，可點選「多個城市」。

Step 2 選擇班機

顯示的資訊包括班機時間及設施。

行家密技 各航空公司優缺點

土航為直飛班機：在伊斯坦堡轉機時間超過6H、24H內，可申請免費市區觀光行程或免費過境旅館(Touristanbul)。

阿聯酋航空、卡達航空：兩家均屬價格較漂亮的轉機班機，機上設備也不錯，但有些航班轉機時間較長。

新加坡航空：服務好，若有幸搭到新型飛機，設備也很棒。南部乘客可考慮自行購買廉航到新加坡搭乘。

旅費與匯兌

台灣無法兌換里拉，請攜帶歐元或美金到當地兌換。

如何準備旅費？ *Expenses*

▲Ziraat Bankası是土耳其境內換匯率較好的銀行

當地消費均用土耳其里拉(Turkish Liras)，不過大部分旅館也收歐元或美金。旅館及購物付現金常會有些許優惠，現金可以多帶點。但若以安全為重，不在乎小差額，可以信用卡刷卡，不需帶太多現金在身上。

旅行支票雖然較安全，但在土耳其使用並不是很方便，需要先換成里拉，兌換時需付手續費。

現金

台灣無法兌換里拉，建議攜帶歐元或美金到當地換土耳其里拉。計程車、公共交通、攤販、市場只接受現金。

信用卡

大部分餐廳、旅館、商店均接受信用卡(小商店除外)，所以大筆的住宿費、餐廳用餐可使用信用卡付款。

ATM提款卡

出國前先到銀行開通海外提款功能、設定4位磁碼，之後在全球各地的ATM提款機才可領取當地貨幣。每次提款，銀行雖然會收取手續費，但善用提款卡，我們就不必帶太多現金在身上，較不需提心吊膽，尤其是土耳其這種需要花很多時間在巴士、火車上大幅移動的國家。

行家密技 台灣可兌領外幣的提款機

台灣銀行現已在桃園機場、松山機場、台北營業部、台北分行(館前、武昌、松山)、基隆、新竹、台中、彰化、台南、高雄新興分行設置可提領美金、日圓、人民幣及港幣這4種外幣的提款機。

持台灣銀行的提款卡免手續費，他行跨行提領則須5元手續費。

美金的提領面額為100元，本行每次最高可提領3千美元，他行最高提領600美金。每日提領額度依各行而定。

貼心小提醒

最安全的方式：多以信用卡付費，身上不要帶太多現金，需要錢時再到當地ATM提款領錢。

當地匯兌須知
Exchange Notes

新台幣無法直接在當地的匯兌處換成里拉，因此出國前須先換成美金或歐元等主要幣值。

大面額的鈔票匯率通常會較好，但也不要兌換像500歐元這麼大的面額，有些地方不敢收。

當地匯兌處

土耳其隨處可見Exchange或Change(Döviz)匯兌處，郵局也可換匯，機場匯兌櫃台匯率比較不好，建議先在機場換小額土耳其里拉搭車到市區，再到市區的匯兌所換匯。市中心都可找到匯兌所，非常普遍。

旅費預算
Budget

到底帶多少錢才夠用呢？右表為土耳其的物價參考。

平價消費　每天預算約135TL/人	
中價消費　200～350TL/人	
中價位雙人房	90～190TL
青年旅館	32TL起
長途巴士票	50TL起
市區1日交通費 (含計程車)	20～50TL
伊斯坦堡交通	10TL
三明治	5～10TL
礦泉水(小瓶)或紅茶	1～1.5TL
餐廳一餐	25TL
門票 / 每個景點	25～30TL
廁所	1TL
當地行程	古城行程約30歐元、卡帕多奇亞行程約120里拉
土耳其浴	50TL起

行家密技　匯率優的匯兌處

以伊斯坦堡為例，最容易找到且匯率不錯的匯兌處如下：

■**機場ATM**：新機場設有可換匯的機器，但介面較不易使用，可以先在其他匯兌處先換小額現金使用，到市區再找私人匯兌所或郵局換大筆現金。

■**蘇菲亞大教堂周區**：T1電車站Sultanahmet站斜對面。

■**獨立大道周區**：Nizam Döviz或Cetin Döviz，都在獨立大道上，較靠近塔克辛廣場區段，或機場巴士下車處Point Hotel附近。

ATM 跨國提款 Step by Step

Step 1 選擇語言

遊客可選擇英文

Step 2 輸入密碼

Step 3 選擇提領現金「Cash Withdrawal」

選擇提領現金

Step 4 確認提領金額

確認輸入或選擇的金額無誤後，按「Amount Correct」。

金額無誤

重新選擇金額請按此

Step 5 列印收據

是否需要收據，建議按「Yes」留存備查。

點選「Yes」領取收據

Step 6 取出現金

取出現金

Step 7 取出卡片

取回卡片

Step 8 取出收據

▲ 只要你的提款卡上的標示跟機器上的任一個標示相符，如：Plus、Cirrus，就表示可以在該提款機提款

行前準備

打包行李

先查好當地氣溫、打包妥當，記得再次Check行李清單。

各城市溫度
Temperature

土耳其各區的溫度如何？該怎麼穿著？先讓我們來看看土耳其各主要城市的溫度(單位：°C)：

伊斯坦堡

	1月	2月	3月	4月	5月	6月	7月	8月	9月	10月	11月	12月
平均最高溫	9	9	12	17	22	27	29	29	25	20	15	10
平均最低溫	3	3	5	8	13	18	21	21	17	13	8	5

安塔利亞

	1月	2月	3月	4月	5月	6月	7月	8月	9月	10月	11月	12月
平均最高溫	15	16	18	22	27	32	35	34	31	27	21	17
平均最低溫	5	6	8	11	15	20	23	23	19	15	10	7

棉堡

	1月	2月	3月	4月	5月	6月	7月	8月	9月	10月	11月	12月
平均最高溫	10	11	15	19	25	31	34	34	29	24	17	11
平均最低溫	1	1	4	7	12	17	20	20	15	11	6	3

卡帕多奇亞

	1月	2月	3月	4月	5月	6月	7月	8月	9月	10月	11月	12月
平均最高溫	4	5	13	18	22	27	31	31	27	21	13	6
平均最低溫	-8	-7	-2	3	7	10	12	13	8	4	-2	-5

安卡拉

	1月	2月	3月	4月	5月	6月	7月	8月	9月	10月	11月	12月
平均最高溫	4	6	12	17	23	27	31	31	26	20	12	6
平均最低溫	-5	-4	-1	4	9	12	16	16	10	6	1	-2

番紅花城

	1月	2月	3月	4月	5月	6月	7月	8月	9月	10月	11月	12月
平均最高溫	9	9	11	15	19	23	26	26	23	19	15	11
平均最低溫	4	3	5	9	12	16	18	19	16	13	8	5

四季衣著建議

最舒適 4～6月及9～11月	最炎熱 7～8月	最寒冷 12～2月
溫度約為15～27℃，是最舒適的季節，日夜溫差大，較可能下雨。6月及9月還可以進行海上活動。	平均溫度約為35℃，內陸區域還可能飆到40℃高溫，最適合從事海上活動。	可看到美麗的雪景，到山上滑雪。
薄外套、薄長袖、短袖、長褲、輕薄的防雨帶帽夾克。 最實用：大披巾，晚上較涼時可披或圍。(也可當地購買，土耳其特產)	短袖、短褲、防曬衣物、太陽眼鏡、泳衣。 最實用：薄絲巾，女性進清真寺需包頭巾。進清真寺不可穿太短的褲子或無袖上衣。	超保暖厚重外套、毛衣、內搭棉質長袖、襯衫、厚長褲、毛帽、手套、圍巾，洋蔥式穿法。室內有暖氣，不建議穿太過保暖的內搭衣褲，棉質內搭衣即可。

衣著建議
How to Wear

　　雖然相對於其他伊斯蘭國家，土耳其算是相當西化且開放，但有些鄉下地方仍較為保守，不建議穿太短的褲子或無袖衣服，穿著方便行動且舒適的休閒服為宜。

　　愛琴海及地中海地區為熱門度假區，較習慣短褲、比基尼這些西式濱海度假服飾，但到東部高原區則盡量不要穿短褲。

　　夏季可穿短袖，但也要隨身帶一件薄長袖，尤其是內姆魯特山這種高山區天氣多變化，早晚仍可能很冷。

　　到卡帕多奇亞記得穿好走的鞋子，清晨搭熱氣球高空較冷，記得帶外套。

■**隨身攜帶圍巾**女性進清真寺一定要戴頭巾，建議隨身攜帶一條圍巾。

■**泳裝**海邊及溫泉均會用上。

■**雨具**秋季常下雨，可穿有帽子的防水外套及防水鞋。

▲土耳其當地隨處可買到各種尺寸的絲巾及披肩，在土耳其旅遊隨身攜帶一條相當實用

行李打包
Packing Baggage

　　在土耳其旅行，移動幅度較大，因此建議行李越輕便越好，再加上土耳其是個超好買的國家，最好多預留空間帶戰利品回國。

如何準備行李箱與行李箱

旅行2週以上、預計大採購者，建議攜帶：
大行李箱×1、可上機的後背包×1、斜肩包×1

	用處	優點	缺點
大行李箱	●裝不重要的衣物及戰利品。	●可裝較多戰利品。	●古城多為石頭路，不好拖行李。上下車也麻煩。從車站到旅館可多利用計程車。
後背包	●攜帶須隨身帶的重物。 ●東西較少者，可直接背後背包，移動時便捷許多。	●行動力高。 ●若要到大城市附近的小鎮過夜，可用來裝一兩天所需的衣物，大行李可寄放在大城市的旅館。	●重，體力要夠。否則要練習斷捨離的打包功力。
斜肩包及輕質小後背包	●需隨身攜帶的重要輕物可放在斜肩包。 ●後背包放較重的水或書，購物時可放戰利品。	●人多時，例如在地鐵或公車上，將包包放在身前，預防被竊。	●斜肩包不適合背太重的物品，否則一天下來會很累。
可拖可背可上機行李箱	●這種行李箱雖然加上輪子後會多個1～2公斤，但路況好時可拖，移動時可背，兼具省力及行動力的優點。		

Tip 重量即恐懼，打包行李時，也可藉此機會看看自己害怕什麼，哪些東西其實是不需要帶的，這樣一來就可以快樂輕裝旅行囉

大行李箱

▲衣物、盥洗用包

後背包或可上機的小行李箱

3C產品充電器/電池、絲巾與薄外套、水、購物戰利品。

◀輕質可肩背及後背的備用袋

斜肩包

錢包、手機、隨身物品、護照(可攜帶影本或手機拍照,以備購物退稅填寫資料)。

◀質輕,最好有個容易拿取物品的隔袋,以及1個帶拉鍊的內袋

◀隨身物品:護唇膏、面紙(濕紙巾)、墨鏡、帽子、相機、圍巾、旅遊書與地圖等

◀錢包:錢和信用卡及金融卡(若有兩張以上),均應分開放;部分放在付錢的皮夾,部分另外存放,以免失竊後遺失所有財物

指指點點土耳其文 Çöğ

中文	土耳其文	中文	土耳其文
教堂	Kilise	學生	öğrençi
博物館	Müze	(門票招牌上的學生優惠價)	
城堡	Kale	茶	Cay
禁止通行	Girilmez	水	Su
關閉	Kapali	你好	Merhaba / Hi
遊客中心	Danisma	謝謝	Teşekkür
車票	Bilet	抱歉(借過)	Pardon
市場	çarşı、Bazaar	好	Tamam / OK
旅館	Otel	不	Hayir / No
房間	Oda	多少錢	Ne Kadar

行李清單(檢查後打V)

V	物品	說明
	隨身斜肩包	
	護照	至少6個月以上有效護照，影本及備份1份電子檔
	電子機票	電子檔案及影本
	信用卡	最好攜帶2張，分開放
	手機	開通國際漫遊功能，並關掉語音信箱功能，另可請客服人員將海外上網功能關閉，使用當地WiFi會較省錢
	大頭照	2張，以備臨時需要辦理證件
	相機及記憶卡	
	簽證	印出紙本及電子檔案
	歐元、美金	
	金融卡	開通海外提領功能並設定4位密碼，建議攜帶兩張
	國際駕照及國內駕照原本	準備租車者必備
	護唇膏	
	海外急難救助保險卡	
	隨身後背包	
	旅遊資訊、旅遊書、地圖	
	筆、筆記本	
	圍巾	女性進清真寺須用頭巾包起來
	計算機	可用手機取代
	帽子、太陽眼鏡	
	藥品	
	電池及充電器	鋰電池及行動電源不可放在託運行李箱
	雨具	
	行李箱	
	2套衣服及內衣褲	衣服以輕、快乾為主，冬天可帶內搭褲。若有山區或健行行程，應帶運動鞋
	1套不會太過休閒的服裝	去高級餐廳吃飯或看表演可穿
	厚外套或薄外套	
	1雙耐走的鞋子，1雙適合正式場合穿的鞋子	好走路為佳（古城大部分是石頭路，而且參觀景點或逛街都需要走很多路，容易起水泡）、帶1雙正式場合可穿的鞋子
	多插孔轉接頭	現在出門3C產品多，旅館插頭通常不夠用
	毛巾	
	牙刷、牙膏	
	防曬乳液、保養品及化妝品	
	沐浴、洗髮用品	

機場篇
Airport

抵達機場後，如何順利入出境？

抵達土耳其機場如何暢行無阻地入出境、通關、提領行李、轉機？從機場該選擇哪些交通工具
往返市區？機場可以再補買什麼？在機場如何退稅？本篇皆有詳細說明。

出入境與轉機

轉機記得預留足夠時間，並確定是否從同一機場出發。

目前台灣直飛及轉機班機都只到伊斯坦堡，而伊斯坦堡現有2座機場，主要國際機場為歐洲區的伊斯坦堡國際機場(Istanbul Havalimanı)，以及多數廉價航空，國內航空及起降的薩比哈格克琴(Sabiha Gokcen Airport／SAW，位於伊斯坦堡的亞洲區)。主要機場於2019年4月全面轉移至市區北方的新機場，距離市區約35公里。

此外，安塔利亞、首都安卡拉、伊茲密爾，也是土耳其境內的主要國際機場。

從台灣出境步驟 *Take Off*

至少2小時前抵達機場辦理登機手續，出發前先確認該航空公司位於第幾航廈。

Step 1 ### 查看航空公司櫃台號碼

查看機場大廳螢幕，確定辦理登機手續的櫃台號碼。

▲土耳其航空還提供番紅花城百年老店的土耳其軟糖(請參見P.209)

Step 2 ### 辦理登機、託運行李

至航空公司櫃檯出示護照及電子機票，辦理登機及託運行李。

Step 3 ### 匯兌外幣

透過網路線上換匯再到機場領現金者，辦完登機手續後到銀行櫃台換匯，或可直接在機場的外匯提款機領外幣(請參見P.44)。

機場篇

Step 4 安全檢查

出示登機證及護照入關、隨身行李安全檢查。

Step 5 護照查驗

出示登機證及護照供出境海關查驗。

Step 6 前往登機門

循登機門(Gate)指標前往登機門候機,若還有時間可逛免稅商店,土耳其人很熱情,可買點伴手禮在旅途中跟當地人分享。

▲記得看清楚自己的登機門號碼與方向,不要走錯囉

Step 7 前往土耳其

登機吃兩餐、一覺好眠,前往藍眼睛的國度!

行家密技 省時省力的機場服務

辦理自動通關更便利

國人出國前可持護照及身分證件、駕照、健保卡任一證件,在機場服務櫃台辦理自動通關手續,辦理後可利用自動通關道出、入境,速度比人工檢驗時間快許多。

通關12秒
申辦2分鐘

↑

自動通關
及申辦
E-gate &
enrollment counter
For R.O.C Citizen & Alien Resident

搭機前先線上劃位

多人同行尤其需要先劃位,比較能與所有親友坐在一起。否則到機場再劃位,可能沒有連坐座位,長時間飛行不方便互相照應。

聽得懂英文逃生指示者,也可以選擇在逃生口旁或第一排的座位,伸展空間較大。

機場行李宅配服務

宅配通、黑貓宅急便均提供機場宅配的服務,建議上網或去電查詢。只要事前預約,就可先將行李宅配到機場;機場內亦設有宅配服務櫃,可直接將行李宅配回家,就不用提著重行李搭車往返機場了。

入境土耳其步驟 *Landing*

 Step 1 依指示走到海關查驗處
Passport Control

 Step 2 出示護照及簽證供海關查驗

Step 3 提領行李

出查驗處即可看到螢幕，依班機號碼查詢行李輸送帶號碼。

Step 4 海關申報

拿到行李後出海關，沒有任何需要申報的物品直接走綠色通道，否則走紅色通道報關。

Step 5 搭車前往目的地

依指示前往租車處、計程車站、巴士站、地鐵站搭車前往旅館或其他目的地。

貼心小提醒

離開機場前要先做的2件事

·領錢或換錢　·購買伊斯坦堡卡

攜帶入境物品規定

可免稅攜帶200支香煙及1公升酒，禁止攜帶各種肉類(尤其是豬肉類)、蔬果入境。

請注意：隨身行李不得攜帶超過100ml的液體，全部小包裝液體不得超過1,000ml，否則需放在託運行李。

從土耳其轉機步驟
Connecting Flight

如果伊斯坦堡不是旅行首站，須轉搭飛機到其他國家或城市者，出發前先確定是否從同一個機場出發。

從同一機場出發

詢問航空公司是否可以直接將行李掛到最終的目的地。若可行，不需出關提領行李。走出飛機後，依照轉機標示「Transfer」走，接著查看螢幕上的登機門號碼，前往登機門候機；倘若搭乘不同航空公司的國內轉機班機，通常不可直接掛到最終目的地，需先出海關(查證護照及簽證)，提領行李，接著前往國內航廈(Domestic Terminal)辦理登機手續，再入關到登機門候機。這種情況需預留至少1.5～2小時的轉機時間，出關檢查護照及國內班機辦理登機可能都需要排隊，還要加上到國內航廈的時間。

國際轉機者依此標示走

從不同機場出發

行李不可直接掛到最終目的地，需先出海關(查證護照及簽證)、提領行李，接著搭車到另一個機場辦理登機手續，再入關前往登機門候機。

這種情況除了需要1.5小時之前抵達機場外，還要再加上兩個機場間約2.5小時的交通時間，若是尖峰時間還有可能會塞車。

機場篇

出境土耳其步驟
Departure

至少2小時前抵達機場辦理登機手續，出發前先確認該航空公司位於第幾航廈。

確認Check in的位置

出境航廈為Depature，入境航廈為Arrival

Step 1 查詢航空公司櫃台號碼

查看機場大廳的螢幕，找到所屬航班的Check in櫃台。

Step 2 辦理Check in

在櫃台出示護照及電子機票辦理登機手續及託運行李。

Step 3 到退稅海關處蓋章

Step 4 出示登機證及護照入關

Step 5 隨身行李安全檢查

Step **出示登機證及護照供海關查驗**

查驗後依指標前往正確的登機門候機。

Step **辦理退稅＆登機**

前往退稅櫃台辦理退稅，或前往登機門候機，若還有時間可逛免稅商店補貨，但別忘了登機時間。

行家密技 選擇信用卡退稅

若時間不夠，可將表格填寫好，選擇信用卡退稅，將蓋有海關印章的退稅單投入退稅櫃檯旁的郵筒(免郵資)。土耳其退稅金額並不多，如果真的來不及，就別再花時間在退稅上，搭上飛機比較重要。

請注意 記得先拍下退稅單留存，日後若有問題可提出存證。給海關檢查的退稅商品，須為沒有拆封使用過的樣貌。超過100ml的液體不可手提帶上機，否則會被沒收。

出境退稅步驟
Tax Free

達退稅金額，出示護照或影本，向店員索取退稅單並填寫資料(出國前記得先查好英文地址，姓名須與護照相同)。

到機場辦理登機手續前，先到海關(Customs)出示商品，取得海關蓋章。退稅商品若要放在託運行李中，則可先拿到海關處檢查，取得證章後，直接送行李輸送帶。

過海關，到該退稅公司退稅櫃台辦理退稅，可選擇不同幣值的現金或以信用卡退稅。詳細退稅條件請參見P.134。

▲土耳其多數商店屬Global Blue退稅聯盟

貼心 小提醒

出境土耳其需特別注意

禁止攜帶高額的古董藝術品，否則須取得該物品的證明書以備海關查驗。

禁止攜帶肉類製品進入台灣。

錯過班機怎麼辦

萬一塞車或其他原因錯過班機的話，前往該航空公司的服務櫃台，請他們協助安排最近的班機。

伊斯坦堡國際機場
Istanbul Havalimanı International Airport

土耳其的主要出入門戶。

伊斯坦堡國際機場Istanbul Havalimanı，普稱為「Istanbul Yeni Havalimanı伊斯坦堡新機場」，共有4個航廈，於2019年4月全面取代原本的阿塔圖克機場，目前啟用1個航廈供國際及國內航班使用。

http www.istanbulhavalimani.com/en

貼心 小提醒

行李遺失怎麼辦

行李若沒有抵達，或者遺留物品在機上，都可持登機證及護照，請至遺失處(Lost & Found)或航空公司櫃台協助。

機場設施
Facility

新機場塔台彷如一朵優雅綻放的鬱金香，這也是土耳其的國花，內部天窗設計既具採光、通風效果，還像伊斯蘭教的新月。

銀行、ATM、匯兌處、藥局、租車處、電信公司服務櫃台、Wi-Fi分享器租用櫃台、兒童遊戲室、商店、咖啡館、旅遊資訊、預訂旅館、租車處、24小時行李寄放處。

網路：出、入境大廳均有免費網路。

ATM提款機

出國前辦理海外提款功能即可在當地ATM提領當地貨幣使用

電信公司

土耳其各家電信公司手機SIM卡辦理櫃台，但機場SIM卡較貴(請參見P.213)

機場巴士搭乘處

機場巴士前的看板均清楚標示該巴士路線

匯兌處

機場的匯率較差，可先換少額土幣搭車，進市區再換錢

巴士及伊斯坦堡卡購票機

巴士搭乘處設有伊斯坦堡卡購票機

租車處

已先預訂者可到租車處辦理手續，服務人員會送客人到停車場取車

如何從機場往返市區

機場巴士是往返土耳其機場最好用的交通工具。

伊斯坦堡機場交通工具
Transportation

　　伊斯坦堡新機場的地鐵線仍在興建中，目前搭乘機場巴士是最快捷的方式。可搭到最後一站的塔克辛廣場(Point Hotel前)或在Zincirlikuyu及4.Levent地鐵站下車轉地鐵，另還有前往藍色清真寺(Sultanahmet)古城區及亞洲區的巴士線。

出口 Çıkış Exit
巴士 Otobüsle Buses
地鐵 Metro Subway
TAV Airport Hotel Shuttle Bus 機場旅館接駁車
Otopark Carpark 停車場
Taksiler Taxis 計程車

交通工具分析一覽表

	車程	費用	營運時間	優點	缺點	提醒
機場巴士	100分鐘	18TL(塔克辛廣場及古城區) 25TL(亞洲區)	01:10～23:55	·安全、便宜 ·適合住塔克辛廣場周區者 ·車上有Wi-Fi、USB充電座	·到市區可能需轉搭其他交通工具	搭乘14號線到塔克辛廣場附近的Point Hotel前，另有前往亞洲區的巴士線
計程車	40～50分鐘	到伊斯坦堡市區約200TL	24小時，夜間加50%	·便利、直達旅館、不需拖行李，適合行李多者	·尖峰時間塞車 ·夜間須顧慮安全問題	出發前可先下載並註冊Uber
地鐵	機場捷運線M11仍在建造中，預計2019年底營運			·需轉車 ·行李多者較辛苦(建議搭巴士、計程車)		從Gayrettepe站搭M2 Yenikapı-Hacıosman地鐵線或到Kağıthane站轉搭M7 Kabataş-Mahmutbey地鐵線
旅館接駁				·最可靠、舒適的方式(最適合很早或很晚的班機)	·比較貴	

*　14 號塔克辛廣場─新機場巴士路線：Taksim Abdulhakhamit Caddesi-Besiktas IETT Peronlar-Zincirlikuyu Metrobus-4. Levent Metro (可轉搭地鐵)-Istanbul Airport；另有往返古城區 Sultanahmet-Eminönü、巴士總站 Otogar、亞洲區 Kadıköy、Yenikapı 等路線。
巴士時刻查詢：www.hava.ist

※ 製表／吳靜雯

薩比哈格克琴機場交通
Transportation

如何到塔克辛廣場或舊城區

機場巴士有2條線：塔克辛廣場、亞洲區Kadıköy。旅館若位於亞洲區，可搭Kadıköy這一線的巴士。從機場前往藍色清真寺古城區者，有以下方式：

▲先線上辦理登機者，可直接透過自助櫃台托運行李，較不需排隊

1. 搭到塔克辛廣場後(Point Hotel前)，轉搭計程車到古城區約15TL。

2. 搭機場巴士到Kadıköy站，車費是10TL，車程約60分鐘。再走到Ehir Hatları碼頭，搭船到古城區的艾米諾努站(Eminönü)，船程約15分鐘，再搭計程車到藍色清真寺區約5分鐘。或轉T1 Kabata/Eminönü-Bağcılar Tram電車(往Bağcılar方向)，在藍色清真寺站(Sultanahmet)下車。

貼心 小提醒

小心跑錯機場喔！

薩比哈格克琴機場位於亞洲區，大部分廉價航空由此起降，與伊斯坦堡機場之間的車程約1小時、80公里，所以搭機前務必確認是從哪個機場出發。

	車程	費用	營運時間	優點
計程車	1小時(到Beyoğlu或藍色清真寺古城區)	到藍色清真寺約150TL起，到塔克辛廣場約125TL	24H	最便捷、舒適
機場巴士 (Havataş)	90分鐘	14TL	04:00～01:00	較便宜！適合住塔克辛廣場或Beşikta周邊者

＊計程車小提醒：行李多的人，最好還是搭計程車或請旅館接送；但須過跨海大橋，尖峰時間塞車情況嚴重
＊SAW機場巴士路線：Sabiha Gökçen Airport機場出發-Kavacık-FSM Köprüsü-1.Levent-Zincirlikuyu Metrobüs- Dolapdere-塔克辛廣場Taksim Point Hotel／Taksim Point Hotel塔克辛廣場出發-Beşiktaş-Boğaziçi Köprüsü-Tem Bağlantı Yolu-Sabiha Gökçen Havalimanı

土耳其各城市機場到市區交通分析
Transportation

卡帕多奇亞地區

最近的機場：內夫謝希爾(Nevşehir-Kapadokya Airport／NAV)，或稍微遠一點點的開塞利機場(Kayseri Erkilet Airport／ASR)。

土耳其航空、Onur Air及Pegasus Air每天均有往返伊斯坦堡的班機。Anadolujet、Sun Express另也有往返安塔利亞的航班。

計畫租車者，建議搭到內夫謝希爾機場，路況較好、距離較近，到這裡的機票通常也較便宜；

從開塞利機場開車會遇上市區交通，較不建議。

	車程	費用
計程車	・內夫謝希爾到Goreme約40公里，40分鐘 ・開塞利約75公里，1小時車程	・約150TL起 ・開塞利機場約180TL起
機場巴士 (Havataş)	1～1.5小時	35～50TL

＊機場巴士小提醒：1.最便利，卡帕多奇亞地區各城鎮都有停靠，建議事先預約。2.搭Pegasus Airlines也可預約該航空公司的小巴。小巴會直接送到旅館附近

棉堡

最近的機場：代尼茲利(Denizli Çardak Airport／DNZ)機場。

伊斯坦堡兩座機場每天有多班飛機抵達棉堡，含廉價航空「Pegasus Airlines」。

機場內設有行李寄放處。

	車程	費用	營運時間
計程車	到棉堡65公里，1小時	約150TL	
機場巴士 (Havataş)	1.25小時	35TL	有航班就有巴士

安塔利亞

最近的機場：安塔利亞(Antalya International Airport／AYT)。

機場規模大，有兩個航站及國內航廈。

AtlasJet航空常有超特惠機票。

除了機場巴士外，AtlasJet、Pegasus航空及當地旅行社也有小巴士，有些旅館亦提供接駁服務。AntRay Tram電車也已延伸到機場。

	車程	費用
計程車	到市區約10公里，20分鐘車程	50～60TL起
機場巴士 (Havataş)	45分鐘	6.4TL

＊機場巴士小提醒：營業時間06:00～22:00，另有兩班早班車04:30與05:30

▲土耳其航空及其他廉價航空或當地旅行社多提供機場巴士接駁服務，價格相當合理，只要有班機就會有巴士發車

安卡拉

最近的機場：安卡拉機場(Ankara Esenboğa Airport)。

從伊斯坦堡過來的航空有Turkish Airlines、 Anadolu Jet、Atlasjet、Pegasus Airlines、Onur Air。

	車程	費用	營運時間
計程車	到市區約33公里，30分鐘	100TL	
機場巴士 (Havataş)	45分鐘	11TL	05:00～24:00以及01:00、02:00、03:00、04:00

番紅花城

最近的機場：95公里外的Zonguldak Airport或安卡拉機場(Ankara Esenboğa Airport)。

	車程	費用
計程車	安卡拉到番紅花城約220公里，2.5～3小時車程	單程包車約650～850歐元起
巴士	3小時	30～85TL

內姆魯特山

最近的機場：阿德亞曼(Adiyaman)或北邊的馬拉蒂亞(Malatya)或尚利烏爾發(Sanliurfa)。

若計畫前往內姆魯特山及烏爾發，可購買到阿德亞曼機場的機票，或者可以去程飛到烏爾發機場，回程由阿德亞曼機場飛。或者以阿德亞曼為定點玩這兩個地方。

	車程	營運時間
計程車	距離阿德亞曼市區約15公里；到Kahta小鎮約50公里，50分鐘車程；或到Karadut小鎮約56公里	
機場巴士 (Havataş)	到阿德亞曼市區約25分鐘，再轉搭小巴士到Kahta或Karadut小鎮(5TL)	有飛機就有巴士，約降落後25分鐘發車

＊機場巴士小提醒：到市區後還要到巴士站轉搭車到Kahta或烏爾發

交通篇
Transportation

土耳其走透透，該用哪些交通工具？

長程首推國內航空；中程可搭路線廣又密的巴士路線，省錢及省時還可搭夜間巴士；主要城市之間可考慮火車。多人共遊，很推薦自駕，行程自由又可深度旅遊。

長途
交通工具

土耳其幅員廣大，需善用各交通工具完成長途旅行。多人共遊不想自駕，也可考慮包車。

如何善用各種長途交通工具？土耳其國土遼闊，熱門旅遊城市間的移動，3～4小時是很常見的，許多城市之間更是需要7～8小時。

■ **長途巴士，省錢首選！**許多自助旅行者會利用夜間巴士，不但可節省時間，還可省住宿費。

■ **國內航空，省時首選！**太常搭巴士，也會很疲累，建議有些路線可以利用國內航空，現在有許多廉價航空，提早預訂價位其實相當合理。

■ **包車或自駕遊，深度首選！**多人共遊可考慮自駕，不需受巴士路線所限制，可更深入旅遊、與當地人接觸；若不想太累的話，也可考慮全程或分段包車。

■ **渡輪遊，悠閒首選！**土耳其四面環海，搭船不但舒適還可悠賞海景，尤其是愛琴海及地中海沿岸。

行家密技 善用Google Map規畫路線

可先登入Gmail帳號，在網頁版創建我的地圖，先查詢首站城市，接著點「路線規畫」查詢下一個城市，依此增加各個旅遊點即可查詢點對點的交通時間及距離，了解路線安排是否可行。

此方式可應用到各城市路線規畫上，並可查詢大眾交通方式及搭乘時間。

飛機

Flight

土耳其境內有多家航空公司營運，其中土耳其航空及飛馬航空航線最多。可善用Wego或Google Flights查詢航線，再到官網訂票。國內航空請見下表：

Turkish Airlines http www.turkishairlines.com	土耳其航空。
Pegasus Airlines http www.flypgs.com	飛馬廉價航空航線最多，包括飛往歐洲各城的便宜航線。
Onur Air http www.onurair.com/tr	廉價航空。包括伊茲密爾、安塔利亞等國內城市及歐洲主要城市，如巴黎、阿姆斯特丹、柏林等。
Anadolu Jet http www.anadolujet.com/aj-tr	土耳其航空的子公司，幾乎涵蓋土耳其各大主要城市。
Sun Express http www.sunexpress.com	土耳其航空與德國航空共同創立的航空公司，提供兩國之間及鄰近南歐、北非國家航線。
Atlas Global http www.atlasglb.com	土耳其境內航線，如安塔利亞、伊茲密爾等，另也有些國際航線，如倫敦、巴黎、科隆等。
Bora Jet http www.borajet.com.tr	涵蓋土耳其國內各大城市。

土耳其境內重要機場圖

查看自己想去的地方是否有機場：

伊斯坦堡機場
Istanbul Airport

薩比哈格克琴國際機場(SAW)
Sabiha Gökçen Uluslararası Havalimanı

Amasya Merzifon Airport
Amasya Merzifon Havalimanı

伊茲密爾阿德南曼德里斯機場
Izmir Adnan Menderes Havalimanı

安卡拉機場
Ankara Esenboğa Airport

Ferit Melen Airport (VAN)
Van Ferit Melen
Havalimanı

米拉斯–博德魯姆機場(BJV)
Milas-Bodrum Havaalani

Denizli Çardak Havaalanı
Dış Hatlar Geliş

Suleyman Demirel Airport
Isparta Süleyman Demirel
Havalimanı

阿德亞曼機場
Adiyaman Airport(ADF)

Batman Airport
Batman Havalimanı

達拉曼機場(DLM)
Dalaman Havalimanı

安塔利亞機場(AYT)
Antalya Havalimanı

一般航空與廉價航空比較表

	一般航空	廉價航空
票價	票價較貴，來回票比單程票還要划算。	較低，通常以單程計價。
買票方式	可透過旅行社、電話或網路購買，記得到官方網站比價。旅行社會將電子機票列印出來給旅客(電話或網路訂會票e-mail到電子信箱)。到機場出示機票及護照即可。	只接受網路訂票，以電子機票的方式e-mail給旅客。旅客需自行列印或儲存在智慧型裝置，到機場後只要出示電子機票及護照即可(一般只需出示護照)。
付費方式	信用卡、傳真刷卡(填好旅行社傳過來的刷卡授權單，再回傳即可)、現金、匯款。	通常只接受網路信用卡。土耳其廉航所顯示的費用通常已含手續費。有些航空辦理登機時會要求查看信用卡。
機票限制	可免費更改日期，除非是特優惠的限制票種，購票時請務必詢問清楚更改日期、航線的限制條件。	不可更改日期或退換票，除非購買的是較貴的Flex彈性票。
機場	航站選擇通常是該國的主要機場。	大城市通常是主機場外的另一個機場，小城市則與一般航班共用。
隨身行李	最多7～10公斤，可手拿1～2件隨身行李，體積不可超過56×45×25公分。	只能攜帶7～10公斤不收費的隨身行李上機，託運行李需另外加購。網路訂票時若知道自己的行李會超過7公斤，網路的加購行李價，會比到機場時付費還要便宜許多。
託運行李	經濟艙20公斤，商務艙30公斤。行李超重通常是新台幣200元／公斤。	超過手提行李限重均需另外加購行李。
餐飲	餐飲大多包含在機票價格內，而且會提供該航線的特色餐飲。	所有餐飲都需另外付費。

※ 製表／吳靜雯

機票預訂步驟 Step by Step

以Pegasus Airlines(www.flypgs.com)為例(透過航空公司App預訂較不會出現錯誤訊息)。

Step 1 選擇網頁語言「English」

點選英文

❶ 來回票(Return)或單程票(Oneway)

❷ 出發地點(From)：有些城市有多個機場，若是任一機場均可者，可點選All，例如：Istanbul All

❸ 目的地(To)

❹ 抵達與返回日期

❺ 成人票張數(Adult)

❻ 孩童票張數：兒童(Child)、嬰兒(Infant)

❼ 出發日彈性(Flexible on travel dates)：旅遊日期彈性者，點選這個選項可查詢前後日期，挑比較便宜的時間出發

❽ 填完按此搜尋班次

Step 2 選擇班次

每天及每班的價錢不一，可依自己需求選擇。

班次	Basic (基本型)	Essentials (進階型)	Advantage (高階型)	Business Flex (商務彈性票)
行李限制	8公斤20cm×40 cm×55 cm大小的手提行李無托運行李	國內15公斤託運行李國際20公斤託運行李	20公斤託運行李	國內15公斤託運行李國際20公斤託運行李

網路預訂會收手續費。點選方案後，須看最右邊「Flight Summary」欄位內加上稅金、服務費、機場登機手續費的總額。

基本型 進階型 商務彈性票
服務費
稅金
機場登機手續費

❶ 若想無限更改班機可勾選此項，國內班機12.99TL、國際班機9.99歐元

❷ 點選此處可更改幣值

Step 3 選位&加購服務

網頁上方先確認好班機時間後，往下拉則是加購服務，若不想另外加購者，以下選項都不要做任何點選。

■ **Seat Selection**：選擇座位

■ **Pegasus Cafe - Meal Selection**：訂購餐點

■ **Select Baggage**：增加行李重量

■ **Travel Insurance**：訂購旅遊保險

欲前往下一頁的話，拉到頁尾，有加入會員者可點「Continue with Pegasus Plus advantages」，或者點選最下面選項。

交通篇

Step 4 回覆系統的加購推薦

不想加購者點「Don't Insure Me」。

不想加購請點此處

Step 5 填寫個人資料

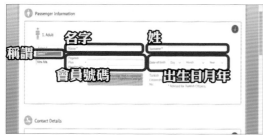
稱謂　名字　姓
會員號碼　出生日月年

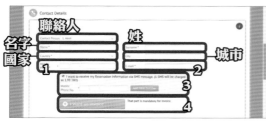
聯絡人　姓
名字　城市
國家
1　2　3　4

❶手機號碼：若班機有所變更會傳送簡訊到這個
手機號碼，務必填寫正確。

❷電子郵件信箱：電子機票及班機變更資訊會傳
送到此，務必填寫正確。

❸若要將預訂資料傳送到手機請勾選，需另付
1.99TL，否則取消勾選。

❹I want an invoice需要收據請點選這個選項。

Step 6 完成付款

　　若要無限更改機票時間，可加費勾選「Yes Please」選項，否則按「No Thanks」。接著按「Continue to Payment」填寫付款資料。

　　採信用卡付費最為便利。付款完成即可在填寫的e-mail信箱收到電子機票，可將檔案存在手機裡或其他智慧型裝置上，到機場出示護照及電子機票檔案即可。

　　出發前可在主網頁點選「Online Check In」先線上辦理登機手續。

▲可透過機場內的機器辦理登機手續、列印登機證

貼心 小提醒

自助托運

　　透過官網或App完成線上登機手續後，抵達機場可透過自助托運機器，將行李放在輸送帶上秤重、掃描登機證、印出行李條、貼妥後送運行李，完成托運手續。

長途巴士

Bus

旅人常用的長途交通工具

土耳其人以游牧民族的精神來發展長途巴士，這種交通工具不但遍布各地(包括鄰國及歐洲各國)，無論是多偏遠的地方，都可找得到巴士搭，且相當便宜(6～7小時車程約40～80TL)，長途巴士通常還會送上茶水及小點，也有些巴士提供影音設備及無線網路，約2～2.5小時就會停下來休息一次。大城市的巴士站規模更可比機場，設施都非常好。

更棒的是，在廣大的土耳其旅行常得花許多時間在交通上，因此還有夜間巴士，在巴士上睡一覺，早上即可抵達目的地，省錢又省時，也是許多自助旅行者最愛的交通方式。

▶市區都可找到長途巴士購票處

如何購票

■ **巴士站**：若不是大假日(參見P.26)，通常不需預訂，班車相當多，可以當天到巴士站再購票。

■ **電話訂票**：若想訂到最好的位置及時間，可請旅館打電話到巴士公司預約，出發前提早到巴士站取票。

■ **順便購**：抵達一個城市的巴士站後，可順便購買離開的巴士票，以免一些較熱門的路線搭不上自己理想時段的巴士，也不用再花時間跑到巴士站購票。

▶旅遊城市也可看到計程車的包車服務(包括跨城)

如何搭乘

由於土耳其的巴士業做得相當好，許多大城市的巴士站規模都相當大，因此多在市郊。長途巴士通常會提供免費的接駁車(Servis)往返市中心，另也可搭便宜的共乘小巴、市區公共交通工具或計程車前往。

長途巴士公司一覽表

名稱	說明	網址
Metro Turizm	土耳其最大的巴士公司，幾乎除了南部及東南部少數地區外，遍布全國各地。	www.metroturizm.com.tr
Ulusoy	土耳其最好及最大的巴士公司之一，主打愛琴海、地中海、安納托利亞西部、黑海及希臘。	www.ulusoy.com.tr
Varan	土耳其最高級的巴士公司，提供伊斯坦堡到安卡拉的班次。	www.bilet.com/otobus-bileti/varan-turizm
Kâmil Koç	土耳其最早創立的巴士公司之一，遍布各區，尤其是愛琴海及安納托利亞西部。	www.kamilkoc.com.tr
Pamukkale Turizm	主打棉堡及安納托利亞中部、愛琴海地區，另還包括黑海及地中海部分城市。	www.pamukkale.com.tr
Asya Tur及Hakiki Koç	主要為愛琴海、地中海、黑海地區。	無
IDOBus	伊斯坦堡到伊茲密爾地區，可搭配渡輪使用。	www.ido.com.tr
Istanbul Seyahat	伊斯坦堡出發到愛琴海、地中海等土耳其各區。	istanbulseyahat.com.tr

主要城市之間的巴士時間

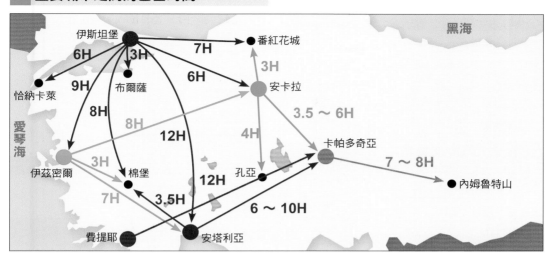

伊斯坦堡巴士站交通

伊斯坦堡 Istanbul	**國際巴士站(Istanbul International Bus Terminal Büyük Istanbul Otogarı)** 伊斯坦堡的主要巴士站，距離古城區約10公里，前往全國各區及鄰國與歐洲各國的班車均由此發車。巴士站規模相當大，24小時都有班車出入。 **前往方式** **地鐵：** M1線到地鐵站Otogarı。 **巴士：** 從塔克辛廣場出發可搭市區巴士83-O號，約1小時車程；由Eminönü出發可搭91-O號，約50分鐘車程。 **計程車：** 到古城區約30～35TL，到塔克辛廣場約35～45TL。
	Harem Otogar亞洲區巴士站 以往多數由總站出發的巴士都會經過亞洲區的這個巴士站，但因這段路容易塞車，所以現在有些班車並不停靠此站，尤其是前往番紅花城的班車。 **前往方式** 由Eminönü附近的碼頭搭Harem-Sirkeci船班到對岸，步行即可抵達。 **Tip** 前往土耳其中部及東部者，搭渡輪到這個巴士站搭車，可省掉總站發車經過市區的塞車時間。

＊其他城市長途巴士站資訊請參見玩樂篇各城市交通介紹。

巴士購票這裡查

http www.biletplaza.com或www.obilet.com
土耳其購票網站，但只有土耳其文，外國遊客可輸入城市名稱查詢巴士時間及票價。

火車

Train

土耳其國鐵官網：www.tcdd.gov.tr

土耳其火車不像巴士那麼完善、快捷，因此遊客多以巴士或國內航空為主。不過近年土耳其積極建設高鐵，例如伊斯坦堡到安卡拉已通車，也可善加利用。

搭乘火車的優缺點

■ **缺點**：火車班次及路線較少，行駛速度也較慢，不過現在部分高鐵線已開始營運。

■ **優點**：價格合理，火車提供臥鋪，對於長途旅行者會比巴士舒適些；搭高鐵的程序比搭飛機便捷許多。

巴士及火車價位比較

10小時的車程：一般火車約40TL，伊斯坦堡到安卡拉的高鐵單程車票約70TL，夜臥鋪火車約70～95TL，巴士約55TL。

火車車種

■ **YHT**：高速鐵路火車(以下簡稱高鐵)

■ **Pulman**：一般火車

■ **Yataklı**：夜臥鋪車(Sleeping Car)，另分一般夜臥鋪車廂及私人包廂(價格不算太貴，且舒適許多)。

哪些路段最適合搭火車

近幾年部分高鐵(YHT)開始陸續通車，伊斯坦堡與安卡拉(3～4小時)、安卡拉與孔亞、伊斯坦堡與孔亞之間的高速鐵路。預計2023年高速鐵路將全部竣工，連結全國15個主要城市。

此外，伊茲密爾到安卡拉的火車設備現代化又舒適，但伊茲密爾以東的沿海城市幾乎都沒有火車線。

購票方式

可在官網購買，或是到火車站或PTT郵局購票，另可請當地旅行社代購。

火車站內也設有Trenmatik自動購票機。

購票注意事項

■ 來回票享有優惠價。

■ 從哪裡訂票，就從哪裡取票，例如：不可透過旅行社訂票，到火車站取票。

■ 無限火車搭乘卡(Train Tour Card／Tren Tur Kartları)：土耳其國鐵推出的火車卡，可30天內無限搭乘。土耳其火車站可購得。

■ 夜臥鋪車可於出發前30天開始預購，建議事先預訂。

■ 高速鐵路(YHT)可於出發前15日開始預訂。早班車可另外加購早餐。

■ 高鐵(YHT)時刻表：www.tcddtasimacilik.gov.tr

哪裡搭乘？

伊斯坦堡共有3座火車站。

■ **Sirkeci Station**：位於古城區加拉塔橋旁的老火車站，早期往返倫敦及伊斯坦堡知名的東方快車「Oriental Express」即停靠於此，現在只有少數火車由此出發。

■ **Söğütlüçeşme Station**：伊斯坦堡的高鐵火車站，位於亞洲區原火車站「Haydarpaşa」2公里外。

■ **PENDİK**：靠近薩比哈格克琴機場，目前由伊斯坦堡到安卡拉的火車在此搭乘。需要先到Kadikoy，再搭M4地鐵線到最後一站Kartal，再轉搭巴士251或計程車到火車站；或搭地鐵M4到Pendik站，再轉搭接駁巴士到1公里外的高鐵站。

交通篇

預訂火車票 Step by Step

Step 1 連結至國鐵網站

前往國鐵訂購網站：ebilet.tcddtasimacilik.gov.tr

右上角可選擇英文網頁，接著點選「Bilet Sa-tis」。

Step 2 輸入出發地點及目的地

選擇單程(One Way)或來回票(Return)、點選日期、人數，按繼續(Continue)。

Step 3 選擇班次、一般車廂或商務車廂

選擇標準票(Standard)或可更改日期的彈性票(Felxible)，接著點選「Select」確定班次。按「Continue」繼續。

Step 4 選擇車廂及座位

點選性別，沒有男性同行的女性通常會被安排和女性坐在一起。

Step 5 填寫乘客資料

名/姓　性別　火車班次　其他服務

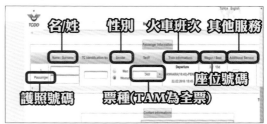

護照號碼　票種(TAM為全票)　座位號碼

Step 6 確認班次及乘客資料

確認完畢後，勾選接受訂票規定。若持火車通行券者，請點選「Use Open Ticket」。

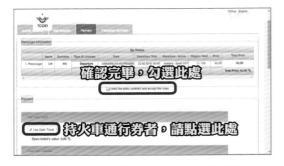

確認完畢，勾選此處

持火車通行券者，請點選此處

輸入通行券的資料

Step 7 填寫付款資料完成訂票

JETONMATİK VENDING MACHINE

行家密技 看懂土耳其火車票

VAGONLAR = 班車類型

HAREKET SAATLER = 出發／抵達時間

K: = Kalkış 發車時間

V: = Varış 抵達時間

MESAFE = 距離

BU TRENLERDEKİ VAGON TİPİ = 車廂等級

Pulman = 一般火車

Örtülü Kuşet = 含被子及枕頭的夜臥鋪車 Couchettes

Yemekli = 餐車

Yataklı =2人包廂臥鋪車，含盥洗台、插座，有些車種還含Mini bar

Kuşet = 4～6臥鋪車

交通篇

渡輪

Yacht

土耳其境內共有28座遊艇碼頭，搭船也是熱門的遊玩方式，即使是開車旅行，也可以人車均上船，抵達對岸後再繼續上路，可節省許多在陸地繞行的時間。

哪裡搭乘？

伊斯坦堡共有3個碼頭：

■**Yenikapi**：位於馬爾馬拉海北岸，伊斯坦堡歐洲區，往南岸的Yalova及布爾薩等區均由此出發。地鐵M1線直通。

■**Kabatas**：就在伊斯坦堡市中心的碼頭，有布爾薩的船班(T1線Kabatas站)。

■**Bostanci**：亞洲區的碼頭，有前往Yalova地區的船班。

行家密技　遊客常用遊船路線

◆ 伊斯坦堡跨馬爾馬拉海及南岸的Yalova、Bandırma、布爾薩Bursa的Güzelyalı或Mudanya(參見P170)。

◆ 前往以弗所遺跡區的Kuşadası海港。

◆ 土耳其歐洲國土跨海峽到亞洲區恰納卡萊(Çanakkale)的特洛伊遺跡地區。

◆ 南部海域的「藍色之旅」：搭地中海及愛琴海遊船從博德魯姆(Bodrum)、馬爾馬里斯(Marmaris)、Gökova、費提耶(Fethiye)和安塔利亞(Antalya)出發的郵輪之旅，包括1～14日的行程。其中以愛琴海的Çeşme到地中海的安塔利亞這段最受歡迎。

◆ 跨海到希臘小島跳國旅行：由土耳其的Bodrum、Marmaris、Kuşadası、Çeşme等港口可搭船前往希臘的Rhodes、Kos、Samos及Chios。(完整船線地圖及預訂票：ferries-turkey.com)

▲往恰納卡萊的船票，可抵達港口後於票務處購票，人車均可上船

線上購買船票 Step by Step

建議先線上購買，可買到促銷(Promo)的優惠票價。尤其人車都要上船者建議先預訂，以免租車後無法如期上船。

Step 1 輸入搜尋條件

以IDO(www.ido.com.tr)為例，點選來回票(Return)或單程票(One Way)、日期、乘客(On Foot)或車輛(Vehicle)、成人(Regular)或小孩(Child)或優惠票(Discounted)。按「Continue」繼續。選擇汽車者，接著選擇車型，如1～4人座房車。

Step 2 選擇班次

瀏覽班次。可選擇顯示3天、1週、1個月的班次。

Step 3 確認班次、總價

點選班次，確定總價。Promo特價票不可退票，Pro或Eco票可有條件退票。

Step 4 加保保險

不需加保者請勾選第二項。

Step 5 選擇座位

選擇樓層(Floor)及座位，或者勾選第二項由系統自動選擇。

交通篇

Step 6 會員登入

不想加入會員者，選擇「Continue as a Guest」。

會員登入
以訪客繼續

Step 8 確認行程資料

可勾選是否想將行程資料傳送到手機。

勾選，並填入手機號碼

Step 7 填寫個人資料

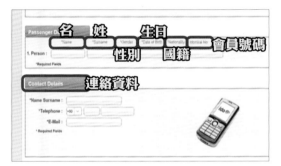
名　姓　生日
性別　國籍　會員號碼
連絡資料

Step 9 填寫付款資料

接受信用卡付費。勾選最下面兩項選項，即可進行付款及完成預訂。

租車自駕

Driving

除了大城市塞車嚴重、伊斯坦堡地區路況及地勢不適合開車外，大部分區域的路況都很好，自駕遊並不會有太大的問題，主要問題應該是路太大，容易超速。

一抵達土耳其，建議先搭一段計程車，除了解路況外，還可向司機請教在土耳其開車須注意的事項，這是非常重要的快速上手方式！

哪裡租車

■ **各大租車網站**：建議先預訂車，會比較便宜，也比較能訂到自己需要的車種。國外主要租車公司為Avis、Hertz、Sixt、Eurocar、Budget、Central、Rent Go。

■ **航空公司官網租車**：訂完機票後，通常會出現訂房及訂車網站，多為航空公司合作的車行，一般來講比較有保障，有時也會比一般租車網站還要便宜。

請注意 租車前記得先上Trip Advisor這類的旅遊評價網站查詢該租車公司的信譽，有些租車公司信譽不好，可能會在回國後收到莫名其妙的帳單。

▶各大機場均有租車處

租車步驟 Step by Step

建議在較有國際信譽或與航空公司合作的租車公司租車較有保障，國際品牌如Hertz及Avis均設有中文網頁。以下租車步驟以sixt.com為例：

 Step **選擇取車、還車時間**

選擇取車及還車的地點、日期及時間，若已加入會員，可先登錄。可在不同地點還車，但通常費用會較高。

 Step **選擇車種**

Step 3 查看詳細資訊

■ **Capacity**：除了注意人數外，也要注意能夠放置行李的數量。有些行李也可寄放在原旅館或租車處附近的，例如：機場寄物櫃。

■ **Age Restrictions**：駕駛人年齡限制，年齡25歲以下多會加費或不能租某些車種。

■ **Pay upon Arrival或Pay now Online**：可選擇到場付費或立即線上付費，線上付費通常會比較優惠。以這款車為例，可免費重新預訂及取消、800公里內不須額外加費、附加保險等。

Step 4 加購第三方保險

■**Recommended Additional Services**：額外加購部分，需注意是否已加第三方保險，否則應加購；也建議加購碰撞意外免責(Collision Damage Waiver)，此外還有竊盜險、輪胎玻璃險。

■**Recommended Extras**：可租導航系統。按規定，若有其他駕駛人應加購額外駕駛人選項(Additional Driver)。此外還可租兒童座椅、雪鏈等設備。

◀好車的價位並不一定很貴，可多比價

Step 5 填寫駕駛人及付款資訊

務必再次確認取車及還車的日期與時間、車種及設備等資訊。

Step 6 完成預訂，列印確認信

務必填寫正確的E-mail，並將預訂完成的確認信存在智慧裝置或印出來。

租車注意事項

■**兩位駕駛輪替：**各大機場、市區均可租車，若要全程開車，最好有兩位以上的駕駛可輪替。否則可考慮甲地租車、乙地還車，搭乘火車或飛機等其他交通工具回最後目的地。

■**古城區路況亂：**若是要從伊斯坦堡租車，建議從機場租車，不要進市中心，特別不要從古城區出發，因為電車、單行道、小巷道，路況實在是太亂了。

■**選擇車種：**歐洲人習慣開手排車，不過土耳其自排車也很普遍，可依自己的習慣租車，不要勉強。

■**租導航GPS：**推薦租導航，準確度高，也多提供中文語音導航，否則可用Google Map。

■**柴油車較便宜：**可租較便宜的柴油車(Eurodiesel)。

▲租GPS的錢可別省啊

■**收費系統為HGS：**高速公路的收費系統現在都已經統一為HGS，如果誤闖OGS車道也沒關係。

■**勿超速：**高速公路速限為120km/hr，鄉間及高速公路的線道很容易讓人超速(70～90Km，市區50Km)，當地人開車速度快，別占用超車的內車道。

■**注意測速照相機：**務必注意測速相機，路邊測速照相的警車也相當多，尤其是安卡拉往番紅花城沿路。通常是在幾公里外先有警車路邊測速，之後才有警察攔下車開罰單。若看到當地車輛車速都慢了下來，記得跟著當地車慢下來，有可能是快接近測速照相機了。

貼心 小提醒

罰單怎麼繳

可自行到銀行繳款，有些租車行也可代繳，記得索取收據。

1.橫跨整個路面的鐵架上所設的是測速照相機／**2.**路上都有清楚的指標／**3.**鄉下地方也可能有警車路邊測速／**4.**有些鄉間道路旁的小餐館外還有這樣的水柱，讓經過的車子免費洗澡／**5.**小鎮只要地上有白線，都可免費停車，大城市則只能停在停車場／**6.**高架在路中間的攝影機(非測速照相機)

交通篇

▲路上加油站相當多

加油

▲加油站內都設有小商店及小餐館

土耳其加油站相當普
遍,加油站的服務人員
相當專業,車子一開進
去,他們大部分都知道
要加什麼油,或者有表
格可查詢。

▶加油站人員大多可查看該
輛車應加的油類別

▲土耳其地勢多變化,常是上上下下的坡道

路況

▲高速公路,過隧道速限會較低

▲最糟的路況大概如此

▲EDS錄影機並不是測速照相機

▲鄉間的路況也都不錯,只有少數路段
　有大坑洞

▲中小型城市的市區路況,跟台灣很像

▲路標指示均相當清楚

4條自駕路線推薦

自駕遊常有機會看到這樣的美景

路線 1
Gelibolu→特洛伊古城→愛琴海海岸→阿索斯→棉堡→安塔利亞

伊斯坦堡機場往西開到Gelibolu，人車上船跨海到恰納卡萊附近的特洛伊古城，沿著美麗的愛琴海海岸開，沿路停靠濱海城鎮(如阿索斯周區)及棉堡，最後可在安塔利亞還車，由此搭機或巴士到卡帕多奇亞地區。

優缺點 早上到機場取車，下午才到得了特洛伊，再開到濱海城鎮已是晚上，要有心理準備。

若由棉堡或安塔利亞地區開車到卡帕多奇亞相當遠，搭機或夜巴士可節省時間，又不會太累。

全程開車回到伊斯坦堡，原地租還較便宜，不過租車天數也較多。最大的好處是沿路可以放心購物，全堆在車上載回最後目的地。

路線 3
亞洛瓦→布爾薩、番紅花城→安卡拉、卡帕多奇亞地區→伊茲密爾

由伊斯坦堡的Yenikapi碼頭人車一起上渡輪到亞洛瓦，接著開往布爾薩、番紅花城，再往南開到卡帕多奇亞地區、玫瑰城、棉堡、地中海及愛琴海沿岸、以弗所，最後在伊茲密爾還車，由伊茲密爾搭機回伊斯坦堡。

優缺點 有些路段還是滿長的，最好有人輪替。不過布爾薩及番紅花就是兩個很好買的城市，開車可放心大買。

路線 2
伊茲密爾→以弗所→棉堡→費提耶、卡敘、阿斯潘多斯→安塔利亞→卡帕多奇亞

由伊斯坦堡搭機到伊茲密爾，由此開始租車，前往以弗所，住在庫莎達西濱海小鎮(或先往回開到貝加蒙遺跡區再往南開)，接著前往棉堡，再到沿岸的費提耶、卡敘、阿斯潘多斯，最後可在安塔利亞或孔亞還車，或繼續開往卡帕多奇亞地區。

優缺點 省時又省力，還可盡情遊覽美麗的沿岸地區。也可考慮搭機抵達伊斯坦堡的第一天馬上轉機到伊茲密爾，不用先進伊斯坦堡。貝加蒙開往山上的衛城，有一小段非常陡的路段，需特別注意。

人車均可上渡輪跨海，節省繞行時間

大部分路段可直接到碼頭票亭購票

路線 4
Bandirma→阿拉恰提

由伊斯坦堡的Yenikapi碼頭上渡輪到Bandirma，接著往南行經貝加蒙到阿拉恰提Alaçatı愛琴海度假小鎮。

優缺點 走這條路線雖然最快捷，但前半部景色較一般，過伊茲密爾後，愛琴海沿岸的景色較美。

交通篇

伊斯坦堡市區交通

市區內請善用大眾交通工具，伊斯坦堡交通卡可搭乘各種公共交通工具，暢行無阻。

主要城市多有市區公車，或地鐵及電車。計程車也相當普遍，價格並不是太貴，多人同遊可多加利用。

此外，較常見的共乘計程車及私營的共乘小巴，只要告知地點，每人、每趟固定價錢，沿路隨招隨停，價格相當便宜。

▲伊斯坦堡高架路況，千萬別開車進伊斯坦堡

貼心 小提醒

乘車前請購票

大部分城市的市區交通車不收現金，上車後若發現無卡可付，可請乘客或司機代刷再給好心人現金。土耳其人很熱心，旅行時常會遇到幫忙刷卡付費的情況。

伊斯坦堡市區公共交通工具相當完善，設有電車、地鐵、公車、渡輪、纜車。計程車也便利，不建議自行開車。

公共交通概況
Public Transportation

營運時間

公共交通營運時間多為06:00～23:00。

車票

上車前需先購票。購買單程票幣Token(Jeton)購票亭及自動販賣機(Jetonmatik)均可購買，或者買伊斯坦堡交通卡(Istanbulkart)，類似悠遊卡的電子交通票)。單程票是4TL，若用使用伊斯坦堡卡一趟只要2.15TL。

▲伊斯坦堡市區公車的車況都很好
◀車上設有電子螢幕可看各站站名

伊斯坦堡交通卡
Istanbul Kart

Istanbulkart(Istanbul card)通用於伊斯坦堡市區所有公共交通工具及IDO渡輪等,不需排隊,車費也較便宜,常會使用公共交通工具者可考慮購買。 🌐 istanbulkart.iett.gov.tr

優點

1.不用排隊購票
2.一張卡最多可5人共用
3.可享折扣,每趟至少有10%優惠,一趟2.30TL,2個小時內最多可搭5站,轉乘額外加費。

購票方法

各站的自動購票機或人工票亭、機場地鐵票亭。

💲 手續費10TL(6TL不可退還)+加值費。

若預訂Alldaywifi無線分享器,可另外加購伊斯坦堡卡,他們會先幫忙儲值,拿到就可使用(請參見P.214)。

Step 1 選擇語言
Step 2 選擇票種
Step 3 放入錢幣
Step 4 取出伊斯坦堡交通卡

加值方法

新卡有4TL額度可用,用完後,可在報攤或標有「Akbil Dolum Noktası」的商店,主要車站的自動購票機可加值5、10、20及50 TL。

Step 1 選擇Top up加值選項

Step 2 將卡放在感應區上

Step 3 放入加值費用即可

交通篇

纜車線
Funicular

伊斯坦堡地勢高高低低,因此還設有這種便民的纜車,一站就可抵達地勢較高的區域,不必爬上爬下。

T線:Karaköy-Tünel Funicular

全球第三老的纜車系統,從河濱的Tünel站到上城獨立大道的Istiklal Caddesi站約90秒、573公尺,可從這裡往下走到Galata或到獨立大道逛街。到了獨立大道後,還可轉搭復古的老電車 Nostalgic Tramway (NT)至塔克辛廣場(若想省錢,步行也不遠)。

🕐 07:00～21:00,尖峰時間每2分鐘一班

F1線:Taksim-Kabataş Funicular

較新的纜車,車程約2.5分鐘,可從塔克辛廣場搭纜車下到河濱的Kabataş碼頭區,由此可步行到朵瑪巴切宮(Dolmahbaçe Palace)、美術館,或搭快艇到Kadıköy或王子島,或由此轉搭T1電車到古城區碼頭(Eminönü)、藍色清真寺(Sultanahmet)、大市場。

🕐 06:15～00:00

▲獨立大道的美麗老電車Nostalgic Tramway

行家密技 使用T1線可到伊斯坦堡各大景點

營運時間:06:00～24:00,尖峰每2分鐘一班
最方便的交通線:T1 Kabataş-Bağcılar電車線是城內最重要的一條線,從藍色清真寺(Sultanahmet)到Kabatas轉纜車上Beyoğlu區的獨立大道及塔克辛廣場,行經大部分旅遊景點:

◆ **Beyazit站:**Grand Bazaar大市集、蘇萊曼尼耶清真寺(Süleymaniye Mosque)

◆ **Sultanahmet站:**藍色清真寺(Blue Mosque)、聖蘇菲亞大教堂(Haghia Sofia)、地下水宮(Basilica Cistern)、托普卡比皇宮(Topkapi Palace)

◆ **Sirkeci站:**歷史老火車站

◆ **Eminönü站:**香料市場(Spice Bazaar)、遊船碼頭

◆ **Karakoy站:**文青小區,由Karaköy纜車站搭一站纜車,即可快速抵達的獨立大道Istiklal Caddesi尾端的Tünel(T)電車站

◆ **Tophane站:**Witt Istanbul Hotel(需往上坡走)、伊斯坦堡現代美術館(Istanbul Modern)、水煙區(Nargile)、遊船碼頭、Karaköy設計小店咖啡館區

◆ **Kabataş站:**由此站可轉搭纜車(F1)到塔克辛廣場(Taksim),也可由這站對面的碼頭搭船到布爾薩、王子島、及亞洲區的Kadıköy

電車及地鐵搭乘
Step by Step

伊斯坦堡的電車跟地鐵系統差不多,差別在於一個是在路面行駛,一個在地下。

Step 1 買票

機器或人工票亭購票,或刷伊斯坦堡卡進地鐵站。(購票請參見P.73)

Step 2 刷卡進地鐵站

Step 3 確定行駛方向

Step 4 前往月台候車

Step 5 上車

記住目的站前一站站名,以便人多時先到門口等候下車。

▲記得確認地鐵行駛方向

Step 6 出地鐵站

查詢離自己的目的地較近的出口。

交通篇

博斯普魯斯海峽遊船
Bosphorus Cruise Tour

Şehir Hatları為官方遊船公司，共有3種行程：短程、全程及全程夜遊船。

■ **購票處**：Eminönü碼頭左手邊，卡拉達(Galata)橋下

■ **時間查詢**：en.sehirhatlari.com.tr/en

另也有私人小艇遊船，並可安排晚餐等活動：bosphoruscruise.com/location/bosphorus-tours

渡輪遊船
Ferry

伊斯坦堡市中心由博斯普魯斯海峽分隔兩邊，因此渡輪對市民來講也是相當重要的公共交通工具，船班頻繁，可節省過橋繞行及塞車時間。卡拉達橋(Galata Bridge／Galata Köprüsü)兩岸是最便利的搭乘碼頭站。

貼心 小提醒

搭遊船風較大會冷，記得帶禦寒衣物。

座位可選在靠Karakoy這邊(右手邊)的位置，去程可欣賞朵瑪巴哈宮，回程可看古城區，都不用換位置。

▲渡輪站

◀進站刷卡即可搭乘，就跟巴士及地鐵一樣

類別	短程遊船 Short Circle Bosphorus Cruise (Kısa Boğaz Turu)	全程遊船 Full Bosphorus Cruise (Uzun Boğaz Turu)	全程日落夜遊船 Moonnight Tour (Mehtap Gezi)
優點	適合時間較短者	行經沿岸各主要景觀，並提供語音導覽介紹70多個景點	可欣賞美麗的日落及沿岸各大景點的夜景
時間	4～10月底：每天14:30	每天10:35	7～8月每週六17:30 ＊記得先預訂！
路線	全程2小時，由Eminönü碼頭出發，14:50到Istinye接客，繼續往前航行經Uskudar、Cubuklu，過第二道橋折返，經Istinye、Ortakoy	Eminönü到黑海再折返單程約90分鐘，停靠5站可在最後一站Anadolu Kavağı下船用餐(12:25)，再搭船回來(15:00出發、16:40抵達EMİNÖNÜ)	由Bostanci K.出發，20:05抵達終站Anadolu Kavağı，可在此享用晚餐，22:30由終站返回
費用	12 TL／兒童票6TL	來回25TL／單程15TL	20TL

住宿篇
Accommodation

在土耳其旅行，有哪些住宿選擇？

土耳其的觀光城市有各種類型的旅館可供選擇，不管是現代感、阿拉伯風、拜占庭與鄂圖曼的典雅歐風和東方神祕……旅館不只是休憩的地方，而是藉由起居，將土耳其的生活美感，細細滲進感官的享受和體驗。本篇將介紹旅館類型、訂房方式與住宿指南，幫助你找到合適、理想的住宿。

土耳其
住宿指南

在訂房前，先了解有哪些住宿型態、基本價位。

旅館哪裡找

Search

　　土耳其各城市的市中心、主要景點附近幾乎都有旅館，熱門觀光城市的旅館數量更是讓人一點也不擔心訂不到房。因此除非是大假日或旺季高峰，否則到當地再找旅館也應該沒問題(「如何抵達當地找旅館」請參見P.94)。當然，臨時訂房有可能無法住到符合理想的住宿類型，所以心中若已有很想住的旅館，那麼事先訂房還是最保險的(「網路訂房教學」請參見P.92)。有些旅館會推出早鳥方案，提早訂房或許可訂到優惠價。

住宿小叮嚀

Notes

■ **地點**：方便觀光及用餐為首選。
■ **旺季先預訂**：土耳其連續假期及旺季濱海地區建議事先預訂，請參見P.26。
■ **護照**：入住時需出示護照。
■ **留下聯繫資料**：填寫住宿資料時，記得填寫電子郵件或電話號碼，以便若遺忘物品在旅館時方便聯繫。
■ **入住、退房時間**：入住時間多為14:00～15:00；退房時間為10:00～11:00。事先徵詢，大多可提供一點緩衝時間。

■ **拿名片**：登記入房時記得順便拿張名片，外出若迷路了，至少可以拿名片問人或搭計程車回旅館。
■ **小費**：幫忙提拿行李可給10TL。
■ **貴重物品**：務必鎖在保險櫃、寄放在櫃檯，或隨身攜帶。
■ **浴簾拉好**：歐洲的浴室沒有排水孔，所以要拉好簾子(將浴簾尾端拉進浴缸內)或浴門，以免水流到地板而釀成小水災。
■ **寄放行李**：退房後可問櫃台是否能寄放行李(通常過幾天回來取也沒問題)。

認識住宿種類 & 價位
Price

精品旅館

旅館通常依據設施及服務，以一～五星區別。四～五星級旅館除了房間設施完善外，旅館的設施也比其他星級來得齊備，如健身房、泳池、餐廳等娛樂休閒設施。

$ 雙人房：四～五星級約350TL起

連鎖旅館

通常提供盥洗備品，房間設施算完善，只是旅館的設施不如4星級以上的旅館多。常見的連鎖旅館有：Mecure、Novotel、Holiday Inn、Accor。較便宜的有IBIS。

$ 雙人房：三星級約180TL起

公寓

設有廚房、餐具、洗衣機，適合多人共遊或濱海度假。在Airbnb及Agoda等訂房中心均可找到這類的住宿。

$ 雙人房：120TL起

民宿

通常是家人共同經營的家庭旅館，有些會附2～3餐。愛琴海及地中海地區的民宿通常有面海陽台，溫泉區及湖區的民宿也相當多。

$ 雙人房：60TL起

▲民宿

▲精品旅館

▲青年旅館

▲有機農場

經濟型住宿

價格較為便宜，設施雖然簡單些，但大多也很整潔舒適，住房前可先要求看衛浴設備。

$ 雙人房：一～二星級120TL起

有機農場

現也有許多有機農場開放住宿服務。可在此網站搜尋及預訂：www.tatuta.org

$ 雙人房：換工住宿

露營區

相當平價，除了帳篷外，也有小木屋型的住宿，內設有廚房、浴室，設施完善。

$ 雙人房：每人約40TL起

青年旅館

最為經濟便宜的住宿，多為團體房，以床位計算，現也多有2～4人私人房型。可認識其他自助旅行者及了解更多旅遊資訊，多也提供平價的當地套裝行程、寄放行李及洗衣服務。

$ 雙人房：每人約50TL起

網路訂房教學

善用數位工具，找房更省力。

實用訂房網站

Website

■ **Trip Advisor旅遊綜合評比網站**

http www.tripadvisor.com.tw

■ **知名訂房網站**

http tw.hotels.com、www.expedia.com.tw

Booking.com目前無法在土耳其境內使用，但在土耳其境外仍可預訂旅館。

■ **Airbnb民宿訂房網站**

近年相當流行的全球民宿網站，可找到各種特色民宿，有些還可跟當地人進行文化交流，較為有趣。

http www.airbnb.com.tw

■ **沙發衝浪**

想找文化交流的免費住宿，可以到沙發客網站搜尋。

http couchsurfing.com

■ **土耳其當地訂房網站**

此網站的優點是，旅館多為他們挑選過的，而且如果有任何問題，他們在當地可以馬上處理；也常與各旅館推出特惠價或其他優惠條件，並可訂機場接送與當地行程。

http www.istanbulhotels.com

■ **Luxury Istanbul**

精選當地的奢華酒店。

http www.luxuryistanbul.com

網路訂房步驟教學 Step by Step

訂房時可同時在不同的訂房中心比較，尋找較優惠的價錢或訂房條件，各家訂房中心也以不同的方式回饋忠實會員，例如Hotels.com是住十晚送一晚，Agoda則採回饋金，Booking.com訂房時直接折扣。建議下載各訂房中心的App，預訂程序較簡便。

訂房時有些細微的事項應特別注意，以下以Agoda為例：

 Step **輸入搜尋條件**

已加入會員可先按「登入」，會顯示更多折扣旅館。

地點
入住時間
退房時間
入住人數

 Step **依評分搜尋**

入住時間　入住人數
地點　退房時間

Step 3 查看旅館資訊、評價

查看旅館資料、位置,還有最重要的房客評價,有些實際情況是照片看不出來的。

Step 4 瀏覽房型

除價錢外,還應注意坪數、最多入住人數、取消條款、早餐。點進每個房型可看該房間照片及詳細設備資料,如坪數、床鋪尺寸。

Step 5 選擇房間數

選完房間數及確定訂房條件後按「現在就預訂」。(注意價錢是否已含稅金)

Step 6 填寫個人資料

確定入住時間、價錢無誤後,填寫個人資料。

Step 7 勾選需求

額外服務選項、預計抵達時間、提出特殊要求,如:要求邊間 (Corner Room)、非吸煙 (Non-smoking)、雙床或一張雙人大床等。

Step 8 保存電子確認信

填寫完後送出,即會收到電子確認信,可將確認信存在智慧型裝置中備查。一般抵達旅館時出示房客證件即可。

＊建議註冊WhatsApp:歐洲的公寓或民宿老闆通常會以WhatsApp聯繫抵達時間或交通方式,建議先註冊並下載程式比較方便聯繫。

貼心 小提醒

網路預訂要注意哪些項目

- ■地點:方便觀光及用餐為首選。
- ■房間大小:可看網站上所寫的房間坪數。
- ■取消規定及付費方式:是否可取消?幾天前取消免費?取消是否會收手續費?付費是直接刷卡或者到店付費?
- ■是否含早餐、網路?
- ■大床或雙人床、浴缸或淋浴、吸菸或非吸菸樓層:依個人需求看清楚房間設施。
- ■共用衛浴或私人衛浴:共用衛浴價格通常較便宜,但須出房間較麻煩。
- ■加床費用:是否可以加床,費用怎麼算?
- ■自駕遊者最好預訂可提供私人停車場的旅館為佳。

▲四星級以上的旅館對於備品也會特別用心

行家 密技 如何抵達當地再找旅館

土耳其旅館很多,到當地後再找也不擔心沒房住。優點是可以住在自己實際看過、喜歡的區域,並可以先看過房間及服務品質再入住。

現場看房須知

- ■折扣:現場訂可詢問是否有折扣。
- ■含稅:櫃檯大多會標示房價及是否含稅(KDV Dahili)或含早餐(Kahvalt Dahili)。一般飯店都會含早餐,否則市區的小食堂也提供各式早餐。
- ■熱水:有些民宿或平價旅館水壓及熱水較不足,看房間時要特別注意。

除了直接前往旅館集中區外,還可善用網路旅館預訂中心,就不需拿著行李到處找房(前提是有網路可用)。

1 Step 下載Agoda這類的訂房網站App。

2 Step 抵達自己比較喜歡的區域(如市中心或主要景點旁),打開App,搜尋設定為「搜尋1公里內」(不想走路就找200公尺以內的旅館)以及「評分8.5或9以上」。

3 Step 從搜尋出來的旅館清單中,尋找自己喜歡的風格與價位。

4 Step 線上預訂或直接到旅館先看房間,滿意的話,問櫃台是否可給Walk-up優惠價,通常會跟網路旅館預訂中心的優惠價一樣或更便宜。

住宿篇

必體驗特色住宿

難得來趟土耳其，不妨挑間洞穴旅館或鄂圖曼風格的旅店，也是旅行中令人期待的一件事。

卡帕多奇亞
洞穴旅館
到精靈的煙囪下做場美夢

住在奇岩怪石中，這可不是全球最具特色的住宿之一？到土耳其當然得住住洞穴旅館。而且並不是所有洞穴旅館都很昂貴，也可找到平價的洞穴旅館。

Harman Cave Hotel ‹推薦›

這座洞穴旅館就位於格雷梅(Göreme)的市中心，用餐或逛商店都相當便利。

旅館外部為天然奇岩，外面還設有平台可觀賞日落山谷風光。內部則為優雅的鄂圖曼及希臘風格，均設有暖氣、完善的衛浴設施。房間相當寬敞，有些是上下兩層，有些則是平面大房，預訂時可指定自己喜歡的房型。服務及早餐也很棒，並也可以協助訂紅線或綠線、熱氣球、旋轉舞等行程。

除了這間旅館，網友也相當推薦新開的Aren Cave Hotel，老闆是陶藝家。

DATA

http harmancavehotel.com

✉ Aydinli Mahallesi Cakmakli Sokak No.33 Goreme

📞 +90(384)271 3081

💲 150TL起

🚶 步行到格雷梅主街只需5～7分鐘

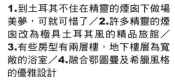

1.到土耳其不住在精靈的煙囪下做場美夢，可就可惜了／**2.**許多精靈的煙囪改為極具土耳其風的精品旅館／**3.**有些房型有兩層樓，地下樓層為寬敞的浴室／**4.**融合鄂圖曼及希臘風格的優雅設計

伊斯坦堡
佩拉皇宮旅館
(Pera Palace Hotel Jumeirah)
回到傳奇的華麗年代

伊斯坦堡這家傳奇性的博物館酒店，為1892年法國鄂圖曼帝國建築師Alexander Vallaury所設計，融合了歐洲的新古典主義、新藝術風格和鄂圖曼的東方元素，在典雅的歐風中，增添一股東方的神祕浪漫。旅館所在位置不但靠近獨立大道購物街，還坐擁金角灣風光。

旅館內還設有Pera Spa by Spa Soul水療中心，可在此體驗經典且頂級的大理石加熱平台和泡沫土耳其浴。室內還設了噴流游泳池，增加水療治癒效果。此外，這裡還有個土耳其國父長住的房間，現在也開放參觀。

延伸推薦

伊斯坦堡市區還有兩家頂級酒店，一座是帝國時期的夏宮改建的凱賓斯基酒店(Ciragan Palace Kempinski)，另一座則為監獄改建的伊斯坦堡四季(Four Seasons)，兩座旅館都坐落在海峽邊，多了股悠閒的度假氣息。凱賓斯基20:30～23:30還有蘇丹之夜(Sultan's Night)晚餐秀。

DATA

- http www.perapalace.com
- ✉ Meşrutiyet Caddesi No.52
- ☎ +90(212) 377 4000
- $ 480TL起
- 🚌 距離獨立大道步行僅250公尺，到塔克辛廣場約10分鐘路程
- * 佩拉皇宮旅館下午茶請參見P.164

1.融合歐風及鄂圖曼風格的傳奇酒店／**2.**凱賓斯基及四季酒店是市區的另外兩家傳奇酒店／**3.** 佩拉皇宮旅館內擁有伊斯坦堡第一座電梯，國父阿塔圖克長住的房間還規畫為博物館開放參觀／**4.**幸福的下午茶室 Kubbeli Saloon Tea Lounge

住宿篇

伊斯坦堡古城區
鄂圖曼帝國旅館
(Ottoman Hotel Imperial)
體驗鄂圖曼貴族居所

　　這家高級旅館就位於聖蘇菲亞大教堂旁，地點非常棒，而內部的風格，更是讓人完全感受鄂圖曼的神祕與浪漫，猶如當時王公貴族的居所。旅館附設的餐廳Matbah提供傳統鄂圖曼料理，其中還包括王族御膳料理。

DATA

🌐 www.ottomanhotelimperial.com

✉ Caferiye Sk. No.6/1 Sultanahmet

📞 +90(212)513 6151

💲 210TL起

🚃 T1電車Gülhane站或Sultanahmet站，步行約5分鐘路程

1.來到伊斯坦堡，若能住進宛如鄂圖曼王公居所的旅館，也是項美好的體驗／**2.3.**所有細節布置都相當典雅

1.優雅的鄂圖曼式建築改建的旅館／**2.**內部布置也是古色古香／**3.**賓客還可在雅致的庭園享用早餐

番紅花城鄂圖曼民居
Akçe Konakları 古宅旅店
歷史風韻的典雅民居

　　番紅花城為土耳其著名的鄂圖曼古城，在老城區蜿蜒的老石道兩旁，可找到許多歷史老宅改建的旅店，讓遊客體驗最具土耳其氛圍的住宿。

　　位於古城中心的Akçe Konakları古宅旅館，就是這樣一家旅店。不但整座旅館散發著鄂圖曼民居的氣息，還有個優美的庭園讓賓客坐在園裡悠閒享用早餐。

小提醒 員工的英文不是很好，若涉及到金錢數字方面的溝通，建議請員工寫下來。

DATA

🌐 www.akcekonaklari.com

✉ Çeşme, Hükümet Sk. No.18 Safranbolu

📞 +90(370)725 50 00

💲 233TL起

各城市住宿推薦

依照旅遊區域，選擇適合的旅館住宿。

伊斯坦堡
istanbul

藍色清真寺後面有許多平價的小旅館，冷泉街(Soğukçeşme Sokağı)多為鄂圖曼民居改的民宿。

新城區的塔克辛廣場附近較多商務及公寓式旅館，多為中、高價旅館；加拉達塔周區有許多精緻民宿及小型設計旅館、青年旅館。

▲經濟型住宿

▲公寓

行家密技　住宿該選擇哪一區

我個人最推薦的是貝伊奧盧歐洲區，也就是古城區對岸的卡拉寇伊、加拉達塔區、獨立大道、塔克辛廣場區。

如果喜歡具當地生活氣息又有獨特小店的區域，那麼對觀光客來講較冷門的亞洲區其實也是不錯的選擇；缺點是這區的景點較少，參觀景點都得大老遠跑到古城區，不過也因此價位較低。

■ Hotel Nena／古城區三星級旅館

位於古城中心的三星級旅館，整體布置高貴典雅，融合了鄂圖曼及拜占庭風格。早上還可以在頂樓享用早餐，眺望古城及海灣美景。

旅館就位於熱鬧的老城街區，可步行到各大景點，距離T1電車站也僅5分鐘路程，周區還可找到許多具土耳其特色的餐廳。

DATA
🌐 www.istanbulhotelnena.com
✉ Binbirdirek Mah. Klodfarer Cad. 8-10 Sultanahmet
📞 +90(212)516 5264
💲 75歐元起
🚃 T1電車Sultanahmet站下車，往上坡走轉進星巴克斜對面的巷子即可抵達

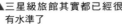
▲三星級旅館其實都已經很有水準了

The And Hotel／古城高級旅館

推薦

位於地下水宮對面、聖蘇菲亞大教堂附近的高級旅館，讓賓客享有便利的位置及舒適的房間設置。此外還設有360度的頂樓景觀餐廳，可360度眺望藍色清真寺等古城遺跡。

DATA

🌐 www.andhotel.com

✉ Yerebatan Cad. No.18

📞 +90(212)512 02 07

💲 500TL起

🚊 T1電車Gülhane站或Sultanahmet站，步行約5分鐘路程

1.頂樓擁有360度絕佳景致的餐廳／**2.**同樣位於古城中心的優質旅館／**3.**非常土耳其的房間設計／**4.**附近的White House旅館也很推薦

Cheers Porthouse Hostel／設計青年旅館

地點超級好，就位於貝伊奧盧區最具悠閒藝術氣息的區域，距離卡拉寇伊碼頭及卡拉達橋僅幾分鐘的步行路程。

雖然是經濟型旅館，但爬滿綠藤的旅館外觀，就跟這區的氣質一樣獨具風味。不同的房型也各具特性，服務更是人性化，把客人當自己的朋友款待。不但有青年旅館及民宿的親民，還有旅館的專業。

DATA

🌐 www.portushouse.com

✉ Mumhane Cad. No.31 Kemanke Mahallesi, Karaköy

📞 +90(212)292 3850

💲 200TL起

🚊 搭T1到Karaköy站或Tophane站下車(雖然沒有電梯，但服務人員都會協助搬運行李)

1.親民的價位、討喜的設計、人性化服務的旅館／**2.**不同的房型，各有各的獨特設計／**3.**3人房的空間雖然不大，但是很有特色

World House Hostel／新城青年旅館

距離獨立大道(Istiklal Avenue)僅300公尺，熱鬧的街道上有許多好逛的小店，交接的小巷道更是藏著許多好店。青年旅館所在的貝伊奧盧區就是夜生活、美食、購物的絕佳選擇，旅館位於主街上，也較為安全。

青年旅館1樓還設有一間個性餐廳，咖啡飲品也相當有特色，不過這家青年旅館逐漸變舊了，也可考慮旁邊新開的Galata Life Istanbul。

DATA

🌐 www.worldhouseistanbul.com
✉ Sahkulu Mh. Galip Dede Cd. No.85 Beyoglu
📞 +90(212)293 5520
💲 60TL起
🚇 搭地鐵到Sishane站，走到獨立大道後，往下坡方向走到85號

▲寬敞的多人床宿舍，另也提供1～3人房

DoubleTree by Hilton Hotel Istanbul - Moda／亞洲區商務型旅館

這家國際連鎖旅館位於充滿歡樂氣息的Kadıköy區，距離Kadikoy渡輪碼頭僅約5分鐘路程，可由此搭船前往歐洲區、古城區、王子群島。雖然住這區，前往各大景點均須搭船，但周區林立著當地人喜愛的餐廳、咖啡館、水煙館、市場及購物街，距離亞洲區的SAW廉航機場約40公里。

DATA

🌐 doubletree3.hilton.com
✉ Caferağa, Albay Faik Sözdener Cd. No.31 34710 Kadıköy/İstanbul
📞 +90(216)542 4344　💲 600TL起
🚇 由M4 Kadıköy地鐵站步行約5分鐘

Hilton Istanbul Bosphorus 新城區高級旅館

Hilton Istanbul Bosphorus為新城區腹地廣大的五星級旅館，鄰近廣大的綠園及商展會議中心，距離精品街區Nişantaşı或塔克辛廣場均僅約1公里。這家旅館最大的賣點是從歐洲區的房間，看著日出由對岸的亞洲區緩緩升起。

DATA

🌐 hilton.com
✉ Harbiye, Cum-huriyet Cd. No.50, 34367 Şişli
📞 +90(212)315 6000
💲 700TL起
🚇 由Taksim地鐵站步行約15分鐘

1.建議訂面向博斯普魯斯海峽的房間／**2.**旅館腹地廣大，設有室內、室外泳池及三溫暖，餐廳景色也很棒

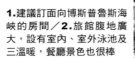

Juliet Rooms & Kitchen
亞洲區氣質青年旅館

這家青年旅館民宿，位於悠閒的亞洲區，附近有許多優雅的咖啡館及小店，2分鐘就可走到河濱，可在此放慢腳步，與伊斯坦堡市民一同享受安靜又有趣的亞洲區生活。

這裡提供雙人房及設備齊全的五星級青年旅館，房間內的收納設計得非常好，衛浴設備可一點也不輸五星級旅館！

DATA

🌐 www.julietistanbul.com/rooms.html

✉ Caferağa Mah. Şifa Sok. No.31 Moda-Kadıköy

📞 +90(216)348 7000

🚇 旅館離碼頭有段距離，建議搭船到Kadıköy區後，直接轉搭計程車

1.位於安靜優雅的亞洲區／2.房間內配有豪華衛浴的青年旅館

卡帕多奇亞地區
Cappadocia

卡帕多奇亞地區的奇岩怪石，不但可以參觀，還可以入住。卡帕多奇亞這整個區域裡，包括一般遊客最集中的格雷梅鎮(Göreme)，近年越來越中國化、觀光化，精品旅館雲集的烏希薩爾鎮(Uçhisar)，以及較能感受當地生活步調的于爾居普鎮(Ürgüp)，晚上的旋轉舞在此鎮，餐廳及商店也不少。

❤ 貼心 小提醒

預訂前先看過房間

冬天記得確認是否有暖氣；旺季時不要輕信拉客的業者，最好先看過房間再決定。

Traveller's Cave Pension／中價旅館

同樣是地點好、價位又合理的旅館，在旅館平台就可以看到仙女煙囪岩層！

DATA

🌐 www.travellerscave.com

✉ Aydınlı Mahallesi Güngör Sokak No.11 Göreme

📞 +90(384)271 2707

💲 131TL起

🚇 距離巴士站約800公尺，步行約10分鐘，不過階梯較多，不適合大行李者

▲Traveller's Cave Pension中價旅館

Wings Cappadocia Hotel
優質中價旅館

由於格雷梅近年街上已看得到掛著紅燈籠的中式餐廳、奶茶店，中國客激增，少了土耳其風情，建議盡量住周區其他城鎮，尤其推薦距離格雷梅僅約4公里的尖端城塞Uçhisar，鎮上聚集了許多優質旅館、餐廳，前往觀景點並不遠，可欣賞美麗的日落。

其中相當推薦Wings Cappadocia旅館，心思明快的老板總能有效率地協助房客安排行程，房間設施現代化，但布置卻能顯出當地特色。最棒的還是老板娘準備的豐富早餐，尤其是傳統烘焙，讓吃早餐這件事，也能成為最美的土耳其回憶。

▲相當推薦住尖端城塞Uçhisar這個小鎮

▲戶外平台即可看到城堡、卡帕多奇亞景色及日落（平台雖也可拍到熱氣球景觀，但較可惜的是逆光）

DATA

🌐 wingscappadocia.com

✉ Tekelli, No.9 Dereba Sokak, 50240 Uçhisar

☎ +90(384)219 3010

💲 700TL起

🚌 距離格雷梅巴士站約4公里

1.設施現代、舒適／2.館內布置相當溫樸／3.美味又豐富的早餐，多是自家做的餐點

棉堡

Pamukkale

Pamukkale Termal Ece Otel
經濟型溫泉旅館

位於棉堡約5公里外的溫泉鎮Karahayıt，雖然是小型旅館，但寬敞的房間內就有溫泉，地下室設有桑拿設施，戶外還有小泳池。溫泉鎮的主街可用餐，也有些小商店，算是經濟又實惠的溫泉旅館。

DATA

http pamukkaleeceotel.com

✉ Karahayıt mah.120 Saglik Sok. No.4/a 20190 Pamukkale/Denizli

☎ +90(258)271 4271　💲 400TL

📝 另一家Venus Suite Hotel也是理想的選擇，早餐很受好評。

1.房內就可泡溫泉／2.寬敞的房間／3.設有室內泳池與桑拿、戶外泳池

番紅花城

Safranbolu

Otel Cesmeli Konak／小型家庭旅館

19世紀的老建築改建的小型家庭旅館，位於番紅花城古城中心的巴士站附近，可步行抵達各主要景點，旅館也提供巴士站的免費接駁服務。

DATA

http www.cesmelikonak.com.tr

✉ Çeşme, Babasultan, Hanarası Sk. No.38 Safranbolu

☎ +90(370)725 4455　💲 220TL起

Imren Lokum Konak Butik Hotel
古樸精緻旅館

古城中心廣場上的老建築旅店，內部的結構及布置均古色古香，並擁有美麗的庭園，房客還可在泳池畔享用早餐。

DATA

http www.imrenkonak.com

✉ Çeşme Mah. Kayyim Ali Sokak No.4

☎ +90(370)725 2324

💲 245TL起

▲Imren Lokum Konak Butik Hotel旅館內設有廣大的庭園區

▲Otel Cesmeli Konak／小型家庭旅館

塞爾柱
Selcuk

Hotel Nazar／幽靜小旅館

位於塞爾丘克市區安靜住宅區的小型旅館，過
主街就可走到市中心餐廳較集中的區域。提供服
務友善、簡單舒適的客房以及豐富的早餐。房型
包括2～4人的家庭房。

DATA

http www.nazarhotel.com

✉ Isabey Mah. Sehit Polis
Metin Tavaslioglu Cad.
No.34 Selcuk

☎ +90(232)892 2222

$ 265TL起

1.Hotel Nazar位於安靜住宅區的旅館／**2.**戶外還有個小泳池

卡敘
Kaş

Mare Nostrum Apartment
經濟型旅館

位於地中海迷人小鎮卡敘主
街的巷弄內，所在區域安靜，
內部布置以充滿度假氣息的
藍、白為主調，提供親切的服
務與豐富的早餐。房型還分一
般房及附帶客廳與廚房的公寓
型房間，價位相當合理。

DATA

http www.marenostrumapart.com

✉ Andifli, Gül Sk. No.6 Kaş

☎ +90(530)614 7474

$ 215TL起

1.公寓型房間／**2.**土
耳其媽媽掌廚的豐盛
早餐／**3.**公用區

費提耶
Fethiye

Kordon Apartment
平價公寓式住宿

位於費提耶購物街區邊緣，打開窗戶就可看到開闊的港口，兼具景觀與便利性的地點。內部為俐落的工業風設計，設施齊備，空間寬敞，服務也相當親切。

DATA

📶 kordonapart.com

✉ Cumhuriyet, Atatürk Cd.
　No.10 Fethiye

📞 +90(532)345 1596

💲 260TL起

▲地點便利的工業風公寓旅館

Minu Hotel Fethiye／清雅設計旅館

這家時尚的小旅館就位於費提耶中心的購物街區，海邊也近在咫尺，還可步行到魚市場用餐。整體設計雅致又帶著濱海旅館的優閒氣息，房型包括1～4人房，空間寬敞舒適。全天提供免費茶及咖啡，早上則有傳統土耳其式早餐。

此外，除了費提耶市中心外，附近的Hisarönü區也聚集不少度假旅館。

DATA

📶 www.minuhotel.com

✉ Cumhuriyet Mahallesi 40.Sokak No.4 Fethiye

📞 +90 (252) 6122 050

💲 280TL起

1.細緻貼心的小設計在旅館中隨處可見／**2.**設計清雅的Minu Hotel／**3.**房間空間相當舒適

布爾薩 *Bursa*

Bursa City Hotel／交通便利的旅館

這座旅館雖然沒有什麼驚奇，但位置非常好，距離烏魯清真寺及大市場非常近，在這個讓人忍不住一直買東西的城市，就得住在這種隨時方便回去卸貨的旅館。

DATA

✉ Şehreküstü, Durak Cd. No.15 16050 Osmangazi

☎ +90(224)221 1875

$ 310TL起

🚇 Şehreküstü地鐵站步行約5分鐘

▲Bursa City Hotel早餐用餐區

Kitap Evi Otel／設計感旅館

原為書店及咖啡館，後來改建為旅館。整體氛圍真是迷人，房間設計也各有各的特性，是會讓旅途加分的住宿。而且旅館就位於古城牆邊，可鳥瞰整個城市，不過有大行李者最好搭車前往。

DATA

🌐 www.kitapevi.com.tr

✉ Kavaklı Mah. Burç üstü No.21 16040 Tophane

☎ +90(224)225 4160

$ 520TL起

安塔利亞 *Antalya*

Puding Marina Hotels／鬧中取靜

安塔利亞雖有些濱海度假區，但古城區街巷迷人，夜生活熱鬧，很推薦至少住在古城區一晚。

▲位於酒吧街的Old House Hostel & Pub

位於古城區綠園前的悠閒旅館Puding Marina，靠近古城港口及熱鬧的酒吧區，但又享鬧中取靜的優點，早上還可在面向著公園的戶外座位用餐。內部設有戶外泳池、房間寬敞。

此外，若想找派對型的便宜住宿，可以考慮位於酒吧街的Old House Hostel & Pub；MARCO Teras Cafe Hotel周區，地點同樣便利，周區街巷散發著迷人的風采。

DATA

🌐 pudinghotels.com

✉ Tuzcular, Mermerli Sk. No.15 Muratpaşa/Antalya

☎ +90(242)255 5394

$ 240TL起

1.鬧中取靜的古城旅館／2.早餐用餐區／3.可在面向公園的露天座位享用自助式早餐／4.房間空間相當寬敞舒適

烏爾發及內姆魯特山
Şanlıurfa

Manici Hotel Sanliurfa

彷如阿拉丁神燈故事裡的宮殿旅館,散發著阿拉伯世界的魔幻氣息。而旅館不只漂亮,地點更是便利,出旅館往右走就可到主要景點,往左走則可到好玩的大市場。

DATA

http www.maniciurfa.com

✉ Bıçakçı, Balıklıgöl Civarı Şurkav Alışveriş Merkezi, 1252. Sk. No.3 63210 Eyyübiye/Şanlıurfa

☎ +90(414)215 9911

💲 300TL起　🚇 靠近魚池區

1.2.3. Manici Hotel充滿阿拉丁神燈氣氛的布置／**4.**Manici Hotel悠閒的庭院

Nemrut Kommagene Hotel

簡單的客棧,不過衛浴都相當乾淨,接待人員非常親切。所在位置距離內姆魯特山國家公園僅約9公里,旅館可代為安排國家公園的日出或日落行程。

DATA

http www.kommagenehotel.com

✉ Girne mah nemrut yolu üzeri No.101 Kahta

☎ +90(416)725 9726

🚌 可由Adiyaman市區搭小巴抵達,上車時可告知司機到這家旅館,行經時可在門口下車

美食篇
Gourmet

在土耳其，吃什麼道地美食？

名列世界三大菜系的土耳其料理，有許多美食不容錯過！本篇的經典美食清單，讓你和土耳其菜
有美妙新奇的邂逅。另外，土耳其人酷愛的紅茶、被譽為愛情滋味的土式咖啡、全民休閒的水煙
到底有何魅力？如何體驗？作者帶你一探究竟。

土耳其經典美食

　　土耳其國土廣大肥沃，培植出豐富的食材，自給率百分百，畜牧有肉蛋品、農產有各季鮮美的蔬果及優質小麥，難怪土耳其的麵餅類如此出色，成為旅人離開土耳其後最念念不忘的美食。

　　而鄂圖曼帝國時期皇宮貴族對於美食的講究，讓廚師將食材與香料的運用發揮到極致，成就出世界第三大菜系的土耳其料理(列於中國菜及法國菜之後)，其中最為人知的應該是土耳其烤肉、烤餅及甜點。當然，啜飲那一小杯土耳其茶，也是人人每天身體力行的國民運動。

　　此外，還有哪些旅遊土耳其不可錯過的經典佳餚呢？

主菜類

A 土耳其香料飯

B 沙丁魚飯

C 土耳其式披薩

D 浪馬軍

▼捲起來的另一種吃法

E 烤肉丸

麥飯(Bulgur Çorbası) 必吃

麥煮成的穀飯,常會加番茄、洋蔥、青椒、薄荷,是道清爽的沙拉飯。

Ⓒ 土耳其式披薩(Pide)

超香脆的土耳其式披薩,常見的口味包括起司的(Kaşarlı Pide)、辣醬起司的(Sucuklu Pide),加顆蛋的碎肉披薩(Kiymali Pide),香啊!

Ⓐ 土耳其香料飯(Pilav Pilaf) 必吃

最受歡迎的是奶油松子飯Sade Pilav,香而不膩、百吃不厭。有些加蔬菜油及小麵條(şehriye),有些則加橄欖、茄子、鷹嘴豆、肉。常用的香料包括小茴香、百里香、杏仁、肉桂及胡椒。

Ⓓ 浪馬軍(Lahmacun) 必吃

另一種土耳其披薩,常見的餡為碎肉、洋蔥,當地人除了配沙拉吃外,還會擠上檸檬捲起來吃,另也可加烤肉並淋上酸奶醬。

Ⓑ 沙丁魚飯(Hamsili Pilav) 必吃

底下是土耳其香料飯,上面則鋪滿了沙丁魚,美味!

Ⓔ 烤肉丸(Köfte) 必吃

土耳其的烤肉丸有許多不同的形狀,食材為羊或牛絞肉混碎麵包、洋蔥及各種香料。最常見的是綜合烤肉配烤蔬菜的Izgara Köfte。

烤雞肉麥飯(Tavuklu Pilav)

常見的家常菜,不喜歡吃羊肉者可點烤雞。

烏爾發烤肉

烤肉總會配上香脆的烤餅

G 烤 肉

F 旋轉烤肉

H 絞肉炸丸

I 優格餃子

▲超美味的 Denizli Kebap，到棉堡地區必嘗啊！

F 旋轉烤肉(Döner／Kebap) 必吃

全球各地最常見的小吃，將羊肉及牛肉去骨後，先以香料醃過後，再層層串起直立香烤。最著名的是布爾薩的İskender Döner，為烏魯山下的香料草餵養的烤羊肉，烤好後再淋上優格奶油番茄醬。

羊肉燉飯(Kaburga Dolmasi) 👍

將香料飯塞進羊肉再封起來酥烤。塔克辛廣場附近的Kaburga Sofrasi餐廳可吃到。烤羊小排(Prizola)也相當美味。

生牛肉(Çiğ Köfte)

生牛肉、小麥粉、辣椒、生菜。不過現在法令不准餐廳賣生牛肉，只能在家自己做。

G 烤肉(Karışık kebap) 必吃

切塊烤肉串(ŞişKebap)，小肉串(ÇöpŞiş)。若什麼都想吃，那就點盤烤肉拼盤(KarisikKebabı)。

各地的烤肉中又以串著茄子或番茄的烏爾發烤肉(Ur-fakebap)及加了蔥椒的Adana Kebabı辣味烤肉最著名。

▲適合配烤肉的酸辣椒

H 絞肉炸丸(İçli Köfte)

小麥皮包絞肉油炸。

I 優格餃子(Mantı) 必吃

淋上優格醬的牛肉或羊肉水餃，這可得嘗嘗。

美食篇

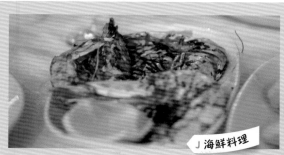

♩海鮮料理

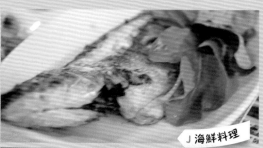

♩海鮮料理

J 海鮮料理(Deniz ürünleri)

土耳其愛琴海及地中海沿岸可吃到各種海鮮料理，常見的鮮魚為烤鱒魚及鱸魚。

卡帕多奇亞陶甕燉肉(Testi Kebabı)

肉、洋蔥、蘑菇、番茄放在陶甕裡悶煮的燉肉。上菜時服務生會拿刀子將陶甕剖開。

必吃

▲土耳其烤肉最常見的3種調味料

炸牛肝(Çiger Tava)

古都Edirne的名菜。

湯類

▲最常見、也最推薦的扁豆湯(lentil)

◀番茄豆湯

土耳其人愛喝熱湯，可找到放著一桶桶熱湯的湯品專賣店，種類可能多達十幾種。點碗熱湯配桌上的麵包，就是一頓熱呼呼的暖胃餐了。

番茄濃湯(Domates Çorbası)

爽口的番茄濃湯，喝時可以撒些起司。

優格薄荷米湯(Düğün Çorbası)

米、優格、奶油、薄荷熬煮的湯。

羊肚湯(İşkembe Çorbası)

土式醒酒湯，其羊味較重，可加一點蒜汁。

小麥番茄扁豆湯(Ezo Gelin Çorbası)

又稱新娘湯。紅扁豆加小麥、番茄、洋蔥、薄荷等香料熬煮的濃湯，為中亞地區常見的湯品。

番茄豆湯(Kuru Fasulye Çorbası)

常見的家常菜，有些加上肉或乾香料。另外還有小麥湯(Bulgur Çorbası)。

配菜

多為蔬菜、豆類、麥類，其中以鑲餡料理 Dolma 最著名。
冷菜 Mezze 之間還有一種溫熱的前菜 Ara Sıcak，
什麼菜都想嘗，可以點冷菜拼盤 Karışık Meze。

B 牧羊人沙拉

E 葡萄葉包飯

F 淡菜鑲飯

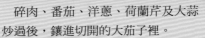

A 羊起司酥捲

C 茄子鑲肉

D 烤節瓜或炸節瓜

A 羊起司酥捲(Sigara Böreği)

雪茄狀的酥捲，裡面通常是包羊起司。屬於溫熱前菜。

B 牧羊人沙拉(Salatası)

最常見的是番茄、小黃瓜、洋蔥拌檸檬汁及橄欖油的牧羊人沙拉(Çoban Salatası)。

優格醬(Cacık)

優格、大蒜、小黃瓜、薄荷調和的醬料。

C 蔬菜鑲飯(Dolma)

常見的為青椒Biber Dolmasi、高麗菜、乾茄子、蕃茄或節瓜等蔬菜包米飯、洋蔥及各種香料。

D 烤節瓜或炸節瓜(Mücver)

橄欖油烤節瓜，或者節瓜裹粉及蛋酥炸。

茄子鑲肉(Karnıyarık) 必吃

碎肉、番茄、洋蔥、荷蘭芹及大蒜炒過後，鑲進切開的大茄子裡。

E 葡萄葉包飯(Sarma) 必吃

葡萄葉或高麗菜葉包米飯、洋蔥、薄荷、小葡萄乾等香料，這道是冷菜喔！

F 淡菜鑲飯(Midye Dolma) 必吃

另一道常見的冷菜，吃之前可擠上檸檬，路邊小攤也有賣。

燉茄子(İmam bayıldı)

常見的家常菜，將洋蔥、番茄或肉末煮好後放在茄子上。這道菜的菜名很有意思，İmam是伊斯蘭教的教長，而Bayıldı則是暈倒的意思。因為這道菜好吃到讓教長暈倒了。

美食篇

街頭小吃

A 內臟烤肉

B 餡餅

C 鐵鍋煎餅

D 烤馬鈴薯

A 內臟烤肉(Kokoreç)

　　常見小吃，切碎的烤羊腸及生菜夾在麵包裡。做得好的很香脆，否則會有點腥味。

B 餡餅(Börek)

　　加了酸奶發酵的麵團製成的餅類，類似酥皮餡餅，也有些捲成春捲狀。常見的餡料包括碎肉(Kıymalı Börek)、菠菜(Ispanaklı Börek)、起司(Peynirli Börek)、馬鈴薯(Patatesli Börek)或原味不加料的Su Böreği。

C 鐵鍋煎餅(Gozleme)

　　同樣是包餡的烤餅，但為平煎餅，常見口味為起司、菠菜、碎肉。

D 烤馬鈴薯(Kumpir)

　　伊斯坦堡Ortakoy區著名的小吃，將烤馬鈴薯切開後，放入自己想吃的生菜或醃菜、火腿。

E 烤肉捲餅(Durum Kebap)

　　烤肉及生蔬夾在烤餅上捲起來吃。

F 脆烤麵包(Poğaça)

　　口味包括原味Sade或黑橄欖Zeytinli、碎肉Kıymalı、起司Peynirli。

G 玉米(Mısır)、烤栗子(Kestane)

　　夏天常見的玉米攤，冬天則為烤栗子攤。

烤魚三明治(Balık Ekmek)

　　Eminönü區最著名。

H 芝麻餅

H 芝麻餅(Simit)

　　灑上芝麻的麵包圈。街上賣的多是較脆的Sokak Simit，麵包店裡賣的為較軟的Pastane Simit。

I 烤雞肉(Kızarmış tavuk)

　　簡簡單單的原味烤雞肉，但就是好吃到讓人很想把這種烤箱搬回台灣賣烤雞！除烤全雞外，也相當推薦烤小雞翅。

E 烤肉捲餅

F 脆烤麵包

G 玉米及烤栗子

I 烤雞肉

甜 點 Tatli

必吃

堅果蜂蜜千層酥 Baklava

開心果、核桃等堅果類加上蜂蜜或糖漿做成的千層酥。

糖漬栗子 Kestane Şekeri

糖漬栗子，在布爾薩地區尤其常見。

八寶粥 Aşüre

小麥、白扁豆與無花果、柳橙皮這類的乾果煮成的八寶粥。

米布丁 Sütlaç

烤過的米布丁為 Fırın Sütlaç。

雞絲鮮奶布丁 Tavuk Göğsü ve Kazandibi

必吃

鄂圖曼皇室甜點，將極細的雞絲加上鮮奶、米粉末做成的布丁，通常還會撒上肉桂粉，口感Q彈，帶著淡淡的烤雞肉香，相當美妙的味道，不嘗可惜！

番紅花布丁 Safranli Zerde

土耳其特產的番紅花口味布丁。

厚奶蜂蜜 Kaymak

像英式的 clotted cream，常當早餐食用，也可搭 Kunafa 甜點吃。

玫瑰果仁派 Güllaç

齋戒月特有的甜品，將玉米澱粉派皮浸甜牛奶後層層鋪成派，派皮之間灑放堅果，原始的做法還會加玫瑰水。

Kunafa

表層為香脆細麵條狀烤成的脆皮，包覆著口感厚實的香濃起司，咀嚼時與淋上的蜂蜜融合，必吃甜點！

土耳其冰淇淋 Maraş Dondurması

土耳其冰淇淋最特別的地方是加入了蘭根莖粉，讓冰淇淋的口感較為黏稠。也因此，小販總是能讓冰淇淋黏在長柄上跟顧客大玩你拿不到的遊戲，常搞得遊客笑呵呵。買冰淇淋時記得準備好錄影喔！

土耳其軟糖 Lokum

因一位英國探險家買了伊斯坦堡老店(參見 P.166)的軟糖回國後，而讓 Turkish Delight 聲名大噪，成為大家必買的伴手禮。土耳其軟糖到處都是，但最好購買蜂蜜做的手工軟糖，口感完勝。最推薦的口味包括開心果軟糖 (Fıstıklı Lokum) 及石榴軟糖。

Içecek

飲 品

美食篇

獅子奶 Raki

　　大茴香釀製的烈酒，酒精濃度約 45%，因此大部分人喝的時候都會加上一半的水稀釋，而加水進去就會變成乳白色，因而得了獅子奶之名。

土耳其茶 Cay

　　土耳其人喝得最多的就是紅茶，就連短期到訪的遊客，也會染上這習慣，幾乎坐下來就至少喝上一杯茶。

土耳其咖啡 Turk Kahvesi

　　土耳其咖啡是將粉末放進水中煮的濃咖啡，不加鮮奶，只加糖喝。

蘋果茶 Elma Cayi

　　遊客常喝的香料茶，土耳其人還是以單純的紅茶為主。

非常推薦的酸奶品牌

土耳其蠻牛 Boza

　　小麥芽與玉米糝發酵的飲料，富含維他命 A、B、C、E，所含的酸性物質在食物中較罕見，是懷孕婦女及運動員豐富的維他命來源 (酒精含量約 1%)。味道非常特別，記得嘗嘗，知道世界上原來還有這種味道的飲料。可到伊斯坦堡百年老店 Vefa Bozacısı 品嘗 (請參見玩樂篇 P.156)。

鹹優格 Ayran

　　一般是加了鹽的酸奶，沒加鹽的是 Yoğurt，為遊牧民族的蛋白質主要來源。而酸奶都會加水攪拌，離析出油脂，形成綿細的泡沫，這種優格稱為 Susurluk。

啤酒 Bira

　　推薦 Efes 啤酒。

葡萄酒 Şrapa

　　土耳其當地也產葡萄酒，卡帕多奇亞為最大產區。

蘭根莖熱飲 Salep

　　紅門蘭塊莖製成的粉末，富含黏性高的多糖—葡甘露聚糖，通常是泡熱水後，撒上肉桂粉飲用。

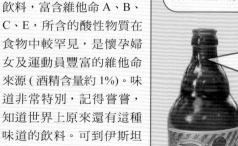

水果

土耳其的水果也不輸我們寶島，尤其有幾種水果一定要努力吃：

必吃

桑葚 Dut

土耳其桑葚大而甜美，尤其是白桑葚。

櫻桃 Kiraz

6、7月盛產櫻桃，便宜又多汁。

此外還有：無花果 Incir、杏桃 Kayısı、葡萄 üzüm。

土耳其人還有一種很特殊吃法：西瓜配起司。

土耳其茶文化

再忙也要和你喝杯茶

雖然土耳其咖啡相當有名，不過土耳其人最鍾愛的，還是那一杯濃茶。土耳其人總說，和你一起喝茶的人，不會對你心懷不軌，所以到土耳其人的家裡或商家，第一件事情一定是喝茶。

也因此，土耳其的茶站(Tea Station)相當普遍，只要一通電話，即使只叫一杯茶，茶站的小伙計也馬上把茶送到府。

土耳其茶杯不大，一坐下來，可能就要連續喝上好幾杯。如果真的喝不下了，可以把湯匙放在茶杯上面，表示不要再加茶了。

土耳其茶為紅茶，原本多仰賴進口茶葉，後來發現黑海的Rize地區也適合種茶，便開始在此種植茶樹。

土耳其茶怎麼喝？

土耳其茶會泡得較濃，要兌上相當比例的熱水。他們通常會加至少兩顆方糖，有些還會加檸檬。

土耳其特製茶具

土耳其的茶壺相當特別，分為兩層，下面的茶壺用來燒水，上面的茶壺則放著茶葉泡茶，水煮開後，加入4匙茶葉，下壺繼續煮開水，泡個20分鐘，即可兌熱水喝。

而喝茶的茶杯宛如鬱金香花，據說這樣的設計上可散熱，下可保溫。土耳其人還習慣用透明的杯子，因為他們會依茶的顏色來判斷品質。

土耳其咖啡

濃郁的黑色甜蜜

　　據說鄂圖曼四世率領大軍進攻維也納時，原本準備了許多咖啡豆作為戰勝慶祝，殊不知，此役竟慘遭滑鐵盧，還把咖啡豆遺留在維也納，成就了奧地利的咖啡文化。

　　而土耳其的咖啡跟義式或維也納式大不同，他們有句諺語說：「咖啡應該像地獄般黝黑、死亡般強烈、愛情般甜美。」土耳其咖啡可是又濃又黑，而且以前的土耳其人認為咖啡加牛奶會引起痲瘋病，因此他們喝咖啡是不加牛奶，只加糖。

　　土耳其咖啡除了能算命外，也是蘇菲教儀式中飲用的飲料，他們會將咖啡裝在象徵著與神結合的紅色容器中。

教你煮土耳其咖啡

Step 1 將2匙咖啡粉倒入銅製長柄咖啡勺中，再加入1咖啡杯的冷水及糖。

Step 2 放在爐上煮到冒泡。

Step 3 先將泡沫倒進杯中，咖啡再煮一下後，倒進咖啡杯內。

Step 4 喝完以後，杯底的咖啡渣則可用以占卜。

咖啡占卜法

Step 1 將喝完的咖啡杯放在頭上，以逆時鐘方向轉3圈。

Step 2 同時請算命者默許心願。

Step 3 接著將杯子倒扣在盤子上。

Step 4 再以順時鐘方向，從中心到外環看上面的圖紋算命。

土式傳統早餐

一桌繽紛 ╳ 小清新口感

　　土耳其文的早餐(Kahvaltı)，字面上的意思是Kah-ve–altı，也就是「咖啡‧下」的意思，意指喝咖啡時所吃的東西。配咖啡的東西可豐富了，包括麵包、白起司、老起司、黑色或綠色橄欖、奶油、蜂蜜、各式果醬、煎蛋捲或煮蛋、切片番茄或小黃瓜。

早餐關鍵字

★ Yumurta	蛋	★ Ekmek	麵包
★ Peynir	起司	★ Zeytin	橄欖
★ Kaşar peyniri	老起司	★ Kahvaltılık Sos	堅果醬
★ Tereyağı	奶油		
★ Krem	鮮奶油		

★ Kahvaltılık Sos 堅果醬
（紅椒、辣椒與碎堅果炒成的塗抹醬，無論吃什麼都適合加上一點來添增食物風味的醬料。）

傳統早餐必嘗菜餚

土式歐姆蛋(Menemen)：蛋、洋蔥、番茄、青椒、紅椒、鹽、奧勒岡，淋上橄欖油或葵花油煎煮。通常會配麵包吃。

乾香腸煎蛋(Sucuklu Yumurta)：將牛肉＋大蒜＋香料製成的乾香腸與蛋一起煎煮。

早餐哪裡吃？

　　許多餐廳提供早餐套餐(Kahvaltı Tabağı)或Buffet自助餐，有些會有酥皮餡餅Börek。尤其是伊斯坦堡的Ortaköy區，獨立大道周圍也有些傳統小餐館提供傳統早餐，例如1915年開設至今的Karakoy Özsüt，蜂蜜厚奶也是這家的特色餐點。

自己動手做土式歐姆蛋(Menemen)

食材
蛋、橄欖油、切塊的番茄、彩椒、鹽、厚片起司、黑胡椒、切碎的歐芹香菜

作法
1. 將橄欖油倒入鍋內熱油
2. 先放進彩椒，再放進番茄
3. 加入鹽巴及胡椒粉
4. 汁變少後，加入起司及歐芹香菜
5. 將打勻的蛋倒入鍋裡，蛋熟了之後就可起鍋

抽 水 煙

中東的慵懶時光

　　中亞、中東地區相當流行抽水煙，土耳其是在17世紀鄂圖曼帝國時期開始流行水煙(Nargile)，當地人將之視為一種放鬆的社交活動，跟朋友邊抽邊聊天。而且當時若有幸受召跟蘇丹一起抽水煙，那可是至高無上的榮耀。

水煙哪裡抽

　　土耳其在二次世界大戰後，水煙逐漸為香煙所取代，但最近又開始流行了起來，在In Tophane(Beyoğlu區)有許多水煙咖啡館(Nargile Cafes)，當地人稱這區為水煙中心(Nargile Central)。不過最原始的地方還是亞洲區的松林坡(Çemberlitaş)，這裡的風景絕佳，原為拜占庭帝國的皇族獵場，到了鄂圖曼帝國後，成了著名的避暑勝地。

水煙怎麼抽

　　上層的金屬放炭火及菸葉，底層放水，吸菸者拿軟管用嘴吸煙。

　　煙會先由水濾過，比較不會將有害物質吸進體內，因此過水時會發出呼嚕、呼嚕的聲音。

常見的水煙口味

　　水煙管裡的煙草(Tömbeki)，大部分是甜味的，常見的味道包括蘋果(Elma)、草莓(çilek)、香蕉(Muz)、水蜜桃(şeftali)、薄荷(Nane)，甚至還有卡布奇諾口味。

伊斯坦堡著名的水煙咖啡館

■ **Anadolu Nargile Çorlulu Ali Paşa Medresesi**
伊斯坦堡舊城區的熱門水煙館，平價又可充分感受傳統水煙文化。地址：Mollafenari, 38, Yeniçeriler Cd., 34120 Fatih/stanbul／電話：+90(212)511 8853／時間：06:00～02:00

■ **Erenler Nargile**
位於老城區大市集旁，是個可容納200人的大煙場，還提供茶飲。地址：ÇorluluAlipaa Medresesi in Çemberlita／時間：早上02:00

🫘 豆知識

水煙管的構造

Gövde：裝水的玻璃煙筒

Marpuç：長煙管

Ağizlik或Sipsi：煙嘴，通常是陶或石製

Lüle：放煙草的小杯碗

飲食快易通

認識土耳其的餐廳種類及飲食文化。

餐廳類型及飲食文化
Types of Restaurant

餐廳(Restoran)

較正式的用餐地點。晚餐可以跟歐洲人一樣打扮得帥氣又美麗上餐館。

海鮮餐廳(Ballk Restoran)

土耳其三面環海，海產相當豐富。有些地區就像台灣的魚市場一樣，可以自己買海鮮再請餐廳料理。

小酒館(Meyhane)

通常是喝小酒的地方，會提供豐富的前菜。

熟食館(Lokanta)

就像我們的自助餐店，店內會擺上各種燉煮好的菜色，自己選好後到櫃台結帳。

烤肉店(Kebapçı)

我們熟知的沙威瑪及燒烤肉串、肉丸小食館。菜色通常很簡單，但專業當然就美味囉！

烤餅店(Pideci)

最省錢的用餐地點，買塊現烤的土式披薩Pide或捲餅就可飽餐一頓或當點心。

路邊攤(Seyyar Tezgah)

水煮玉米、三明治、烤馬鈴薯、甜甜圈、芝麻餅、烤栗子都是土耳其常見的路邊攤。

▲土式甜甜圈攤

甜品店(Pastane)

　　土耳其嗜甜如命，種類也相當多，許多甜品鋪也附設茶座讓人坐下來享用甜點及茶飲！

咖咖館、茶館(Kafeterya)

　　其實土耳其人在咖啡豆變貴後，反而是習慣喝茶了，因此茶館是隨處可見，咖啡館反倒多是後期開設的潮店。

用餐時間

早餐(Kahvalti)：07:30～10:00

午餐(Öğle yemeği)：12:00～14:30

晚餐(Akşam yemeği)：18:30～22:00

酒吧：通常是16:00開始營業

夜店：23:00開始，水煙館營業至凌晨

用餐禮儀

■ 以前的遊牧民族習慣席地而坐，不過現在的用餐方式已西化，餐具也都是刀叉。

■ 土耳其人很喜歡花及甜點，到當地人家中作客可帶花或甜點上門。

■ 土耳其人多為伊斯蘭教人，不吃豬肉。

豆知識

土耳其料理特色

土耳其人習慣吃各式各樣橄欖油料理的前菜(Mezze)、沙拉，主菜則是烤肉配上超美味的烤餅，而酸奶也是土耳其料理中的重要靈魂，不但是許多菜餚的佐料，也會作為湯底，用餐時更要點上一杯酸奶喝。

用餐順序：湯→沙拉→主菜→甜點

指指點點土耳其文 Ç Ö ğ

中文	土耳其文	中文	土耳其文	中文	土耳其文
茄子	Patlican	番茄	Domates	烤	Izgara
羊肉	Kuzu	水	Su	煎炸	Tava
牛肉	Sığır	牛奶	Süt	甕燒	Güveç
魚肉	Balik	燒烤	Kebap/Kebabı	鑲餡	Dolma
起司	Peynir	串燒	şiş	服務費	Servis Ücretleri

美食篇

購物篇
Shopping

在土耳其該買什麼紀念品？

土耳其的工藝技術出色，再加上鮮明的文化，成就了許多非凡的工藝品；還有許多紋樣精美、濃濃異國風味的家飾、生活小物、杯盤碗碟，都是搶眼獨特、令人駐足流連的敗家品項。除此之外，在地特產的紅茶、咖啡、香料、橄欖製品、土耳其軟糖等，是送禮自用兩相宜的好物，一定要列入你的伴手禮清單喔！

土耳其特色商品

皮件

許多國際頂級精品均採用土耳其皮著名潮牌包括Derimod、Manu Atelier、DESA、Rara Atelier。

手工鞋

皮質及工藝技術好，土耳其的手工鞋當然要列入必買清單。

咖啡杯

彩繪咖啡杯，即使不用，擺著看了都開心。

橄欖皂

土耳其橄欖油產量大、品質好，製皂技術佳，綿細的質感，記得多買幾塊。Dalan這品牌的橄欖保養品很受好評，而1923年創立的古龍水品牌Eyüp Sabri Tuncer所推出的橄欖保養品也相當推薦。

玫瑰水

包裝美的古爾莎(Gülsha)玫瑰水及玫瑰精華液，採鄂圖曼古蒸餾法萃取的大馬士革玫瑰液製成，最適合送女孩們。另有平價品牌Rosense。

彩繪陶瓷

土耳其的彩磚承自伊朗，彩繪陶瓷器皿則來自中國，最後發展出具土耳其特色的陶瓷製品，其中以庫塔希亞(Kutahya)的陶瓷最有名。而伊茲尼克則為磁磚重鎮，石英含量高，品質最佳。

番紅花

香料界的皇后，1克約10歐元。不過土耳其的番紅花品質不如伊朗，土耳其也可買得到伊朗的番紅花。

茶杯組

在土耳其旅行養成喝茶的習慣後，當然得帶幾只茶杯回家繼續喝。尤其推薦優美的鬱金香型玻璃杯。

馬賽克彩燈

燭光或燈光透過馬賽克玻璃打出的美麗光芒，有哪個旅人能抵得住掏錢的衝動(注意電壓不同)。

茶壺

土耳其特製的茶壺，下面燒開水，
上面泡茶。

糖盤

放方糖的糖盤，土耳其茶必備品。

抱枕套、桌巾

各種具土耳其特色的圖案，實在太
迷人了！

絲巾

布爾薩為著名的絲質中心，有許多
質佳、樣式又特別的絲巾。

錢包

鄂圖曼式的華麗織繡包。

貓頭鷹吊飾

象徵幸運的貓頭鷹吊飾。

藍眼睛(Nazar Boncuğu)

土耳其人的辟邪物，家門、車上、商店或身上總會掛上
一塊保平安。商品應用相當廣，除了掛飾外，還包括書
籤、餐具套等。

 豆知識

驅走邪惡的藍眼睛

　　土耳其人認為生活中若招致邪惡的目光會
遭厄運所害，因此帶藍眼睛趨避。

　　有一種說法是這藍眼睛來自梅杜莎。據傳
梅杜莎是位美麗的少女，海神波塞冬深深為
之傾倒，卻因此惹惱了雅典娜，她便將梅杜
莎的黑髮變成了蛇，只要任何人懷著邪惡的
眼光看梅杜莎，就會變成石頭。而土耳其人
相信藍眼睛能吸走潛藏在人心的邪惡力量，
因此會將藍眼睛做為護身符，而且每過一段
時間就會將用過的藍眼睛回歸大自然，購買
新的藍眼睛，所以千萬別把用過的藍眼睛送
人喔！

土耳其浴擦澡布

迷你模型

各地均有特色模型，如卡帕多奇亞特殊的煙囪屋，而這旋轉舞人偶則相當推薦，手一撥，就會讓人偶翩翩起舞。

民族樂器

像是旋轉舞樂隊所用的蕭(Ney)及弦樂器(Saz)等，總能吸引音樂愛好者收藏。

大理石紋染畫

土耳其泳裝

花樣設計棒又不貴，且適合亞洲人體型，尤推Penti這個品牌。

水煙(Nargile)

精美的水煙壺有時會讓旅人失心瘋扛回家，記得也要買煙草。

畫作

當地畫家作品。

民族樂詩歌

例如蘇菲派創始人Jelaleddin Rumi的詩歌以及下列歌手的CD：Nazim Hikmet、Fazil say、Sezen Aksu(1990年代歌后)。

行家密技　如何判斷地毯的好壞？

土耳其手工地毯是將線一個個打雙結織成的，因此背面的結點越多越密，就表示這樣的地毯越為耐用。

土耳其最高級的地毯來自Hereke，結點最多、最費工。而加了絲織的地毯則呈現美麗的光澤，觸感也更加滑順。

地毯

源自中亞遊牧民族的土耳其人，地毯是他們日常生活中的重要物品。這項技藝自11世紀傳承至今，傳統採用植物染色織線製成，再加上圖案及色彩豐富，為世界聞名的工藝品。只可惜坊間很多是中國或其他國家製的，要謹慎選擇。建議購買100%羊毛地毯，羊毛質感較為柔順，容易清洗，用久了光澤依然美，若是天然染色更為耐看。

Arko老牌乳霜

1927年創始於埃爾祖魯姆的土耳其老牌國民乳霜。Arko Nem護理系列使用100％天然草本精華，包括水果口味乳霜及深度保濕的橄欖油護膚產品，另還推出成人、孩童使用的防曬乳液。

Bebak 苦杏仁乳霜

滋潤、好用的本土老牌乳霜。

Pastel彩妝品牌

眼影產品尤其搶眼。
http www.pastelshop.com

Flormar指甲油品牌

土耳其在地品牌，價格便宜到不可思議，色彩選擇多，還包括亮面、霧面、透明的指甲油。
http www.flormar.com.tr

海泡石煙斗(Meerschaum)

海泡石煙斗(Meerschaum)

海泡石(Sepiolite)為稀有礦質，乍看會以為是象牙。這種礦石質輕不怕火煉，還具有過濾作用，因此相當適合做菸斗。再加上這種石頭放久了會呈黃褐色，經久耐看，因此多會加以精琢，增加其收藏價值。

彩瓷圖案香皂盒、杯墊、磁鐵、隨身鏡

▶ 推薦這款不沾手的蜂蜜，尤其是綠色的松木蜜

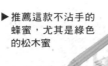

土耳其超市買什麼？

乾果及堅果

堅果是中亞地區的日常零食，土耳其海岸線日照充足，更是榛果的盛產地，為最大的出口國，每年8月為榛果成熟期。

咖啡

著名的土耳其咖啡也是必帶的伴手禮，香料市集後面有家咖啡粉老店，可買到紙包裝的咖啡粉(參見P.158)。

蜂膠及蜂巢

土耳其的蜂膠及蜂巢的品質很好，也是良好的日常保健食品。

土耳其軟糖 Lokum

最推薦開心果及石榴口味，記得選購純蜂蜜及手工製的軟糖。

手工銅鍋

土耳其早餐香腸煎蛋用的銅鍋。手工打製的紋路較美。

香料

可購買整串的香料組，把土耳其常用的香料通通帶回家。

蘭根莖醬及榛果醬

當地的特色果醬，另也推薦玫瑰花瓣醬。

Salep蘭根莖粉

牛奶＋野蘭根莖粉＋肉桂的熱飲。

石榴醋

健康又美味的石榴醋是土耳其餐桌上的必備佐料。

米布丁粉、烤肉調理粉

將土耳其知名的甜點帶回家簡單做，另也可購買調理粉回家做土耳其烤肉。

必買 紅茶

土耳其當地紅茶，請認明Rize產區的紅茶，另也推薦當地花草茶。建議購買有機茶，避免農業殘留問題。

必買 無花果乾

無花果乾做成的蜜漬堅果甜點。此外還有許多美味的乾果。

辣味番茄醬

土耳其人最愛的番茄醬，瓶裝印有Acili。

Raki獅子奶

土耳其特有的烈酒。

▲土耳其最大的連鎖超市MIGROS ▲購物中心內多設有超市 ▲仍可找到販售咖啡、茶的傳統雜貨鋪

土耳其橄欖

旅行小講堂

土耳其人愛吃橄欖，幾乎餐桌上必備幾盤不同品種的橄欖，光是申請註冊的橄欖種類就有80多種，據統計總共達200種之多。

由於橄欖需種植在向著海風的山坡地，因此主要產地為愛琴海沿岸，土耳其最高級的橄欖即為北愛琴海地區的Ayvalık橄欖。採收季節是9～12月。

神聖的橄欖樹

目前發現最古老的橄欖樹化石為西元前3萬7千年，橄欖樹不但起源早，就連它的生命力到底有多頑強、能夠活多久，都沒人說得準。即使遭受各種劫難，只要有水，就能在惡劣的環境中發芽、成長茁壯。難怪橄欖樹被視為最有智慧的聖樹，在宗教儀式中，會以塗抹橄欖油。

頂級橄欖油如何挑選？

既然要扛橄欖油回國，不如就買最頂級的橄欖油，那何謂最頂級的橄欖油呢？

1 手摘橄欖

2 在6小時內石磨

3 在室溫下冷榨(Cold Press)的第一道油，如此能將游離脂肪酸降到最低(酸度在0.8%以下最好)

4 選購時認明「冷壓初榨橄欖油」(Extra Virgin Olive Oil)，富含對心血管最好的不飽和脂肪酸，沒有任何化學添加劑

土耳其橄欖油品牌推薦

Kürşat

來自Ayvalık的精品級橄欖油品牌，伊斯坦堡也設有分店。

✉ Şakayık Sokak No.75/B Nişantaşı

http kursat.com.tr

Selatin

土耳其橄欖油公主Selin Ertür所創的高品質橄欖油品牌，這個家族在Edremit設有橄欖油博物館。

✉ Kuruçay Mevkii, Edremit

http www.selatin-evo

▲除了橄欖油外，橄欖的各種相關產品也很值得購買，尤其推薦這個品牌的橄欖乳液

購物折扣期

12月中及6月中是土耳其冬季及夏季折扣時間。

土耳其幾乎一整年都會推出一些小折扣，除了春夏及秋冬換季大折扣外，新年、母親節、情人節、宗教節慶也均有折扣。

冬季折扣
Winter Discount

12月中～1月初，第一波為30～50%，最後會下殺到70%，當然尺寸也比較不齊，尤其是M及L的衣服會比較少。

夏季折扣
Summer Discount

6～7月初是最理想的購物時間，8月中第二波的尺寸已不齊了。

行家密技　市集殺價有訣竅

守則一：絕不要露出很想買、非買不可的樣子！

守則二：多比價，隨口問問價錢。雖然伊斯坦堡的市集商人常會表現出問價錢就得買的樣子，但他們都是商場老手，千萬別跟他們認真。

守則三：別脫口說出想要的價錢，否則一失足成千古恨，很難再往下殺了！

到底可以殺到幾折

大約35～50%。折扣時記得微笑，要跟商場老手廝殺並非易事，但我們畢竟是來旅遊消費的，別因為一點差價而動氣了！

▲土耳其消費較低，可找到許多設計不俗的平價品牌，真是相當好買的國家，堪稱「歐洲版泰國」

▲在伊斯坦堡、伊茲密爾這類的大城市均可找到規畫良好的大型購物中心

購物 注意事項

須注意信用卡盜刷問題、單行女性到地毯店購物也務必提高警覺！

無法退貨、退錢
Returns & Refunds

購買商品時一定要仔細看、想清楚，付款後要退換貨很難，退錢幾乎是不可能！

請注意 單行女性到土耳其的地毯店購物尤其要小心(請參見P.219)。

信用卡付費請查對金額
Confirm Amount

簽證金額、貨幣、日期都要仔細查對！

最好看著店員刷卡，不要讓店員自己拿信用卡到他處刷卡。建議使用較嚴格把關的銀行信用卡，若有盜刷嫌疑，銀行會致電詢問或甚至換卡處理。

◄有些標籤上會有兩個價錢，一個是現金付款的價錢(Peşin Fiyat)，一個是信用卡付款的價錢

其他注意事項金額
Notes

■ 機場內的免稅商店均以歐元計費，購物時務必看清楚幣值。

■ 大筆費用幾乎都可用歐元或美金支付。

■ 玻璃製品商家會包裝得非常好，大可不必擔心，打包時記得行李箱的物品要塞滿，不可有會讓物品晃動碰撞的空隙。

■ 彩盤、燈具這些物品重量較重，要注意行李不要超重了。快超重又很想買的話，可以到機場繼續補貨，雖然價格會較高一點，但旅程途中較輕便且能避免過程中造成損傷。

路上觀察 討價還價是一種情感的交流

土耳其商人覺得若是以不二價的方式做生意，那可真是毫無交易的趣味可言！因此，他們常會先抬高價錢，泡杯茶或咖啡，跟客人好好交流、交流，從中察言觀色，搏感情(或博取同情)，了解這價錢該怎麼訂好，再使出必贏殺手鐧。出門前記得先看本武俠小說練練功，仔細接招呐！

在免稅商店購買超過100TL即可辦理退稅。

土耳其境內所有商品都要加上8～18%的附加價值稅(KDV)。在可退稅的商店購物達退稅門檻，可退8～18%的附加價值稅。

退稅條件
Tax Refund Criteria

在加入退稅聯盟的商店且消費金額達到退稅額度，才能請店員給退稅單(Tax Free Form)，再到機場辦理退稅。(退稅步驟請參見P.59)

請注意 並不是所有商店均可退稅，需看店內是否貼有退稅標章(「Tax Free」的標誌)。

■退稅門檻：達118TL可退18%；達108TL可退8%。

■土耳其常見的退稅聯盟為Global Blue及土耳其當地的Tax Free Point DSD Refund。

▲先至海關蓋章，再持退稅單及護照至退稅公司櫃台辦理退稅

市區也可以辦理退稅
Tax Refund

部分大型購物商場設有退稅櫃檯，拿到退稅單後，可直接辦理退稅，但必須提供信用卡資料，倘若你離開土耳其沒有寄回海關蓋章的退稅單，退稅公司會在你的信用卡扣回兩倍的錢。

伊斯坦堡可辦理現金退稅的商場：獨立大道上的Demirören及精品街區的City's Shopping Mall。

行家密技　**不容錯過的土耳其在地品牌**

◆Yargici：主打棉、麻質的小清新高級品牌，材質及設計都很有質感。

◆mavi：很推薦的品牌，能穿出個性感，但設計又不會太誇張。

◆KOTON：同樣為平價品牌，種類較多樣，包括各種度假所需的服飾。

◆OXXO：年輕潮牌，辣妹最愛。

◆LC WAIKIKI 土耳其超平價國民品牌，多為實穿的基本款及簡單的當地流行款。

◆Colin's：展店數高的服飾店，主打休閒服飾。

◆Madame Coco：居家飾品，織品、寢具的品質及設計並不輸Zara。

購物篇

Global Blue退稅單填寫範例

藍色退稅表格(Blue Tax Free Form)

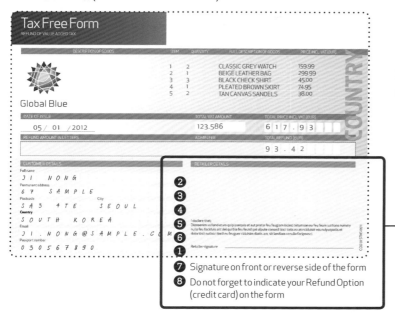

▲伊斯坦堡的Demirören及精品街的City's購物商場可辦理退稅

① 護照號碼
② 姓名
③ 居住地址
④ 郵遞區號／城市
⑤ 國家
⑥ 電子信箱
⑦ 簽名
⑧ 退稅方式

白色退稅表格(White Tax Free Form)

① 護照號碼	⑤ 國家
② 姓名	⑥ 電子信箱
③ 居住地址	⑦ 簽名
④ 郵遞區號／城市	⑧ 退稅方式

請注意 所有資料均需以英文填寫。

行家密技

下載退稅聯盟App

Global Blue已推出SHOP TAX FREE程式，可下載程式以便取得電子退稅卡，方便辦理退稅，並可計算退稅額及追蹤退稅進度。

土耳其Global Blue退稅地點查詢

http www.globalblue.com/tax-free-shopping/turkey/

玩樂篇
Sightseeing

土耳其有哪些好玩的景點與活動？

土耳其國土幅員廣大，文化古蹟豐富多元，地中海及愛琴海沿岸還有美麗的沙灘及湛藍的海域，
冬天則有高山滑雪度假中心，上山下海各式各樣的活動，令人直呼過癮！

傳統土耳其浴初體驗

　　由於以往一般家裡沒有浴室，因此居民會到大眾澡堂洗澡。而這也是婦女的社交場所，婆婆想挑個好媳婦，當然要到這裡來囉！

　　浴場都是男女分開的，有些浴場規模較小，男女洗澡的時間會錯開，例如早上到下午是婦女進浴場的時間，之後則是男性的使用時間。

土耳其浴步驟

Step 1 先在入口付費，刷身體 (Kese) 及按摩 (Masaj) 要另外付費。 →

 Step 2 領取大布巾 (Pestamal) 及更衣室鑰匙到更衣室更衣。一般會穿內褲，換完衣服可圍著大布巾。 →

Step 3 穿木屐或室內拖鞋進浴場 (地板很熱)。

Step 4 先躺在溫熱的大理石平台上蒸氣，讓毛孔張開，太～舒服！ →

 Step 5 接著先仰躺開始搓身、沖水。 →

 Step 6 轉身換面、沖水。

Step 7 塗肥皂泡泡按摩。 →

 Step 8 沖水、洗頭 (這時需要用上閉氣功夫，土耳其媽媽是大水直接淋灌而下)。 →

Step 9 到大廳休息，喝杯熱紅茶或酸奶。

土耳其浴大哉問

▲入場後會有私人置物櫃放置物品

Q1：有單人間嗎？
A： 很少，有些設有雙人或家庭用的浴間。

Q2：我需要帶什麼？
A： 提供免費肥皂，可自備洗髮精，或到櫃檯購買。若要自助洗的話，可以攜帶刷身菜瓜布(Kese)，浴場也有賣。

Q3：大約需要多少時間？
A： 60～90分鐘。

Q4：最佳時段？
A： 09:45～15:00，其他熱門時段最好先預約。

Q5：兒童可以進去嗎？
A： 一般不接受0～4歲的幼兒，4～6歲兒童免費，帶兒童的家庭可在特定時間使用浴場。

Q6：孕婦可以進去嗎？
A： 一般不接受懷孕2個月以上的孕婦。

Q7：有吹風機嗎？
A： 有。

伊斯坦堡浴場推薦

伊斯坦堡市區有許多老浴場，此外布爾莎這個溫泉鎮也相當適合體驗土耳其浴。

Kılıç Ali Paşa Hamamı

優雅的老浴池，很受女性遊客喜愛。這個浴場就位於獨立小店林立的卡拉寇伊區旁，逛完這區後，可到此洗土耳其浴！

DATA

- http kilicalipasahamami.com
- ✉ Kemankeş Mah., Hamami Sk. 1(在卡拉寇伊區 Tophane電車站附近，清真寺旁的小巷)
- ☎ +90(212)393 8010
- ⏰ 08:00～16:00、16:30～23:30，16:00之前為女性使用時間，最後預約時間為14:30
- 💲 310TL起，相當熱門，需事先預約

Ayasofya Hürrem Sultan Hamamı

位於藍色清真寺廣場旁，蘇萊曼一世為來自烏克蘭的愛妃Hürrem所建，為建築大師錫南的手筆。

歷史劇也曾在此拍攝，是座相當著名的浴場。衛浴用品使用Hürrem最愛的南歐紫荊(Erguvan)，浴巾也是特製的絲綢品。

DATA

- http www.ayasofyahamami.com
- ✉ Cankurtaran Ayasofya Meydani No.2 Fatih/ Istanbul
- ☎ +90(212)517 3535
- ⏰ 08:00～22:00
- 💲 85歐元起

▲Ayasofya Hürrem Sultan Hamamı，這座王妃浴場為錫南大師的作品

其他知名老浴場

Cağaloğlu Hamamı

位於聖蘇菲雅大教堂附近的老浴場，內部非常漂亮，受觀光客喜愛。

- http www.cagaloglhamami.com.tr
- ✉ Alemdar Mh.,Cağaloğlu Hamamı Sk. No.34
- ☎ +90(212)522 2424
- 🚇 由地下水宮往前步行約5分鐘
- 💲 自助洗30歐元、土耳其按摩40歐元、刷身45歐元、刷身及按摩整套服務50～110歐元

Suleymaniye Hamamı

450年歷史的老浴場，是錫南大師之作。

- http www.suleymaniyehamami.com.tr
- ✉ Mimar Sinan Cad. No.20
- ☎ +90(212)519 5569
- 🚇 蘇萊曼耶尼清真寺旁的老浴場,也可由大市集或香料市集步行過來
- ⏰ 10:00～23:00(最後入場時間21:00)
- 💲 40歐元(123TL)，不接受信用卡，收土耳其幣及歐元

Çemberlitaş Hamamı

錫南設計，1584至今的老浴場，設有大理石按摩台及星點圓頂。

- http www.cemberlitashamami.com
- ✉ Mollafenari Mh., Vezirhan Cd No.8
- ☎ +90(212)522 7974
- 🚇 靠近T1電車Çemberlitaş站 ⏰ 06:00～23:30
- 💲 土耳其傳統浴160TL

▲除了享受土耳其浴外，也推薦購買土耳其製的棉質浴袍

旅行小講堂

土耳其旋轉舞
Whirling Dervishes

伊斯蘭蘇菲派神祕主義的旋轉舞Sema(塞馬)，創始者為梅夫拉納‧魯米(Mevlânâ Celâleddîn-i Rûmî，1207～1273)，一般尊稱為梅夫拉納(Mevlana)，也就是「我們的先導」的意思。

他出生於當時的波斯、現在阿富汗的貝爾赫Belh，父親為當時知名的學者，受尊為「知識之王」。魯米自幼聰穎，還曾到當時學術鼎盛的Halab及大馬士革進修，回孔亞後，成為最著名的學術及宗教領袖。

為何旋轉呢？

整個儀式希望透過誦禱、音樂及旋轉舞接近完美的上主。東西兩方屬神之領域，四面八方旋轉均可感應神之存在，祂是萬能的、全知的。

儀式如何進行呢？

1. 男性舞者身著黑長袍(象徵：死亡)、頭戴筒狀駝色高帽(象徵：墓碑)、黑袍內的白色裙衣(壽衣)。

2. 迎謝赫(長老)進場誦讀古蘭經。
3. 演奏宗教音樂，其中的簫代表對故鄉的思念(故鄉=天堂，進入天堂的想望)。
4. 托缽僧在謝赫的帶領下，繞場3圈。
5. 依序懇請謝赫同意後開始起舞。
6. 脫掉黑長袍，現出內著的白衣寬長袍(象徵：因神而重生)。
7. 順時間旋轉時，右手心向上、左手心向下，眼睛微開，雙臂張開(象徵：超脫凡塵，升入天堂，接受真主的恩賜與啟迪)，雙手交叉環抱在前象徵「唯一」的真主。

   除了舞蹈之外，隨之起舞的音樂也相當優美，抑或悠遠思古、抑或啟迪人心。每個場地的音樂也各異其趣。

＊土耳其新法規定：旋轉舞不可在販售酒類的場所公開演出。

旋轉舞哪裡看？

最棒的旋轉舞地點是發源地孔亞(參見P.202)及布爾薩(參見P.170)，卡帕多奇亞地區(參見P.194)也有旋轉舞表演，伊斯坦堡新城區及古城區各有一處旋轉舞場地(見下表)。

請注意 最好事先訂票，進入圓形舞廳不可拍照、應莊敬肅穆。

伊斯坦堡

新城區：The Galata Mevlevihanesi

最著名的土耳其旋轉舞儀式場地。

- http www.galatamevlevihanesimuzesi.gov.tr
- ✉ Galata Dervishes House Museum
- 🏛 位於Galipdede Caddesi路口，也就是獨立大道的Tünel 電車廣場旁(沿熱鬧街區往下坡走向卡拉達塔方向)
- 💲 舉行旋轉舞當日到門口的購票處或向基金會購買，50TL
- 🕐 每週日17:00

古城區：Hodjapasha Dance Theatre

古城區15世紀的老浴池改建的場地，除了旋轉舞外，也有土耳其舞、肚皮舞表演。

- ✉ Ankara Caddesi Hocapa a Hamamı Sok No: 3.B, Sirkeci
- 🏛 T1電車Sirkeci站，下車後往回走，位於Turvan旅館旁
- 📞 預約：+90(212)511 4626或www.hodjapasha.com
- 💲 22USD、兒童16USD
- 🕐 每天19:00

行家密技　各區博物館通行證比一比

近年因土幣大貶，博物館門票均大幅調漲：

Müze Kart 博物館卡	價錢	涵蓋主要景點	值得購買指數
MUSEUM PASS TURKEY 全國 博物館卡	375TL (15日)	以下景點均包含在內。	★★★★ 若各區的主要遺跡都想參觀，那就值得購買
MUSEUM PASS ISTANBUL 伊斯坦堡 博物館卡	220TL (5日)	聖蘇菲亞大教堂(72TL)、托普卡比宮(72TL)、考古博物館(36TL)、科拉博物館(54TL)等。	★★★★★ 伊斯坦堡城內的景點門票較貴，最值得購買。
MUSEUM PASS CAPPADOCIA 卡帕多奇亞 博物館卡	130TL (3日)	格雷梅露天博物館(54TL)、Ihlara溪谷(36TL)、兩座地下城(各42TL)等。	★★★★ 卡帕多奇亞主要景點若有意參觀的話，也很值得購買。
MUSEUM PASS MEDITERRANEAN 地中海區 博物館卡	220TL (7日)	米拉遺址(36TL)、阿斯潘多斯(42TL)、西代古劇場(36TL)、安塔利亞考古博物館(36TL)、棉堡(60TL)、海爾波利斯遺跡(8TL)等。	★★ 這區以度假為主，參觀景點不多，門票也較便宜，可不買。
MUSEUM PASS AEGEAN 愛琴海區 博物館卡	220TL (7日)	特洛伊博物館(42TL)、以弗所遺跡(72TL)、以弗所博物館(18TL)、貝加蒙衛城(42TL)、棉堡(60TL)、海爾波利斯遺跡(8TL)等。	★★ 會參觀特洛伊博物館、貝加蒙衛城、以弗所、棉堡及遺跡區等景點以上者可考慮。

＊土耳其的博物館開放時間大多由10月初～4月中改為冬季參觀時間：08:00～17:00，4月中～10月初夏季開放時間通常為：08:00～19:00

▶大部分景點門票只收現金

伊斯坦堡 Istanbul

老帝都與現代化的碰撞美

伊斯坦堡及馬爾馬拉海地區

伊斯坦堡不但是土耳其最大的城市，還是羅馬、拜占庭、鄂圖曼帝國這三朝的古都，因此古城區處處是遺跡。

然而，伊斯坦堡可不只是古遺跡，這個城區被博斯普魯斯海峽隔成兩邊的城市，還有一股心曠神怡的海港氣息；而歐洲區的貝魯歐，蜿蜒的山坡小徑，隱藏著許多個性小店；居民悠哉過活的亞洲區，近年更是形成了獨特的生活文化，讓這座城市更為繽紛有趣了。

 豆知識

一分鐘搞懂伊斯坦堡

名稱沿革：拜占庭(據傳是海神的兒子拜占斯所建的城市)／新羅馬(君士坦丁大帝將首都從羅馬遷至此)／君士坦丁堡(以君士坦丁大帝命名)／伊斯坦堡(鄂圖曼帝國改名，意為「伊斯蘭之城」，由基督教文化改為伊斯蘭文化)。

玩樂篇

伊斯坦堡

交通串聯

　整座城市大致可分為三區古城區、新城區、及亞洲區。

　古城區與新城區以博斯普魯斯海峽的金角灣(Golden Horn，土耳其語為Haliç)為界，南為古城區，北為新城區，搭船到對岸為亞洲區。

　城區交通相當完善，電車、地鐵、公車、渡輪、纜車連接起所有區域，全都可以使用伊斯坦堡卡搭乘。(市區詳細資訊請參見交通篇P.83)

城區簡圖

歐洲新城區

博斯普魯斯大橋

朵瑪巴切宮

塔克辛廣場

歐洲古城區

金角灣　獨立大道

博斯普魯斯海峽

阿塔圖克橋

古董街

卡拉達橋　卡拉達塔

蘇萊曼尼耶清真寺

亞洲區

香料市集　耶尼清真寺

伊斯坦堡大學

托普卡比宮

有頂大市集

聖蘇菲亞大教堂

藍色清真寺

馬爾馬拉海

卡迪寇伊碼頭

地區	交通	行程建議
古城區	步行＋T1電車最便利	主要景點藍色清真寺、聖蘇菲亞大教堂、地下水宮、托普卡比宮均聚集在蘇丹艾哈邁德區(Sultanahmet)；貝亞濟區(Beyazıt)有大市集、蘇萊曼尼耶清真寺；最近卡拉達橋的席爾凱吉區(Sirkeci)有耶尼清真寺、香料市集。
新城區	纜車＋M2地鐵線最便利	由古城區搭T1電車過卡拉達橋的卡拉寇伊區及朵瑪巴切宮，搭纜車或步行上坡，則可抵達獨立大道購物街及塔克辛廣場；由廣場搭地鐵可前往新潮購物商圈希什利區 (Şişli)。
亞洲區	渡輪或跨海的Marmaray捷運線、亞洲區的M4地鐵線最便利	卡迪寇伊區(Kadıköy)的Moda街區有許多個性小店，此區旅館也較便宜。

伊斯坦堡行程建議

路線圖：請掃描QR Code

72小時悠轉伊斯坦堡

Day 1	**古城文化探尋** pse.is/NE3WE		古羅馬賽馬場與方尖碑→藍色清真寺→地下水宮→聖蘇菲亞大教堂→托普卡比宮→考古博物館→土耳其浴→少女塔茶座看日落或旋轉舞
Day 2	**海峽＋新城** pse.is/MPDBZ		博斯普魯斯遊船(Emınönü搭船)→歐塔寇伊(逛街、咖啡、茶飲、餐廳)→朵瑪巴切宮→Çukurcuma古董街→Ciragan Palace Kempinski旅館蘇丹之夜或Şişli地鐵站外的Istanbul Cevahir購物中心、Nişantaşı精品街區
Day 3	**卡拉達塔周區＋市集** pse.is/N79S5		獨立大道及卡拉達塔周區巷道→卡拉達塔→遊逛卡拉寇伊設計區→步行過橋→耶尼清真寺→Rustem Pasa Camii→埃及市集→搭T1電車到Beyazit站的大市集→步行20分鐘→蘇萊曼尼耶清真寺→Kadikoy亞洲區晚餐、抽水煙

48小時玩轉伊斯坦堡

Day 1	古羅馬賽馬場→藍色清真寺→聖蘇菲亞大教堂→地下水宮→午餐→考古博物館→托普卡比宮→蘇萊曼尼耶清真寺→大市集(水煙體驗)→香料市集→晚餐
Day 2	歐塔寇伊區早餐→博斯普魯斯海峽遊船→朵瑪巴切宮→卡拉寇伊設計區及現代美術館、卡拉達塔區午餐→Çukurcuma古董街→15:00到Osmanbet站的軍事博物館看軍樂表演→獨立大道購物→佩拉傳奇酒店下午茶→土耳其浴→晚餐或Istanbul Cevahir購物中心

▼古城區

▲博斯普魯斯海峽沿岸及購物街區

▶卡拉達塔周區

玩樂篇

伊斯坦堡古城徒步之旅

01

路 線

玩家散步路線

古羅馬賽馬場→藍色清真寺→聖蘇菲亞大教堂→地下水宮→午餐→考古博物館→托普卡比宮→蘇萊曼尼耶清真寺→大市集及香料市集→晚餐

古城區已列為世界文化遺產，幾乎可步行參觀所有伊斯坦堡必訪景點。出發前先打劑預防針：雖然古城隨處是古蹟，但有些街道有點破舊、混亂，新舊建築混雜，所以別把伊斯坦堡想得太美麗，以免幻滅。夏季各景點遊客多，需預留排隊入場時間。

◀詳細地圖請掃描
QR Code連結至
Google Map

伊斯坦堡‧古城路線

古羅馬競技場Hippodrome及方尖碑At Meydanı

　　藍色清真寺旁的廣場，為古羅馬占領君士坦丁堡後，於西元293年所建的競技場，西元330年時君士坦丁大帝完成擴建工程，成了長400公尺、寬120公尺的U字形場地，可同時容納3萬名觀眾。鄂圖曼時期改為賽馬場，現為節慶活動的舉辦場所，尤其別錯過齋戒月熱鬧的手工藝市集。

▲埃及方尖碑

▶水亭

◀取自德爾菲阿波羅神廟的青銅蛇柱，移至此象徵這裡是新世界的中心

▲君士坦丁紀念碑

伊斯坦堡‧古城路線

蘇丹艾哈邁德清真寺／藍色清真寺(Sultanahmet Camii)

　　鄂圖曼帝國的蘇丹哈邁德一世命建築師邁赫麥特‧阿加(Mehmet Aga)所建的偉大建築，共花了7年的時間，於1616年完工。

　　整座清真寺以層疊的圓頂構成，4支「象腿」般的巨形大理石柱支撐起碩大的空間，讓清真寺呈現出莊嚴崇聖之感。寺內採用2萬多片伊茲尼克彩磚裝飾，且以藍色為基調，因此俗稱「藍色清真寺」。

DATA

🌐 www.sultanahmetcami.org

✉ At Meydanı No:7　📞 +90(212)458 4468

🚋 搭電車T1到Sultanahmet站，往下坡步行到廣場即可看到右側的清真寺

🕐 24小時免費開放(5次朝拜時間暫停開放，每次為時約90分鐘)

📖 對伊斯蘭教有興趣者，可前往這裡的伊斯蘭資訊中心了解詳細資訊

👕 著短袖、短褲不可入場，門口可免費租借外袍及頭巾／清真寺每天祈拜時間請參見www.namazvakti.com/Main.php?WSLanguage=CH

▲以藍色彩磚為主調的藍色清真寺

玩樂篇

伊斯坦堡

必看重點

罕見的6座喚拜塔

據說蘇丹原本是要建築師以Altin(黃金)建塔,建築師卻聽成了Alti(六)。

四根象柱

大圓頂為4根直徑5公尺的大柱支撐,因此有著「大象的腳」之稱。柱頭以藍底金字的阿拉伯文裝飾。

和諧的空間設計

由圓頂往下共5層、260扇馬賽克玻璃窗。

講經壇
(Minbar)

精緻雕刻構築而成的講經壇,頂層專為先知穆罕默德保留,一般傳道者只在中段講經。

華麗的中央圓頂

直徑27.5公尺、高43公尺,共有260扇小窗戶讓光線透入寺內。

▲教堂奇蹟之處在於基督教與伊斯蘭教同處一堂，見證土耳其宗教歷史的演變

▲曾為基督教堂的痕跡

伊斯坦堡‧古城路線

聖蘇菲亞大教堂(Ayasofya Müzesi)

　　君士坦丁大帝時期，人們崇尚古希臘文明，因此城內出現許多仿造古希臘風格的建築，這座大教堂就是其中之一，始建於西元325年，歷經360年完工，可謂拜占庭時期最金燦華偉的建築。西元6世紀改為拜占庭式的大教堂，為希臘正教的中心，Ayasofya的名字就是來自希臘文的「Agia Sophia」，智慧之神蘇菲亞。帝王門上的拉丁文寫著「Peace with you, I'm」。

　　據傳1204年十字軍和威尼斯人在聖蘇菲亞大教堂發現了1,700多座黃金、珍珠、寶石做成的小聖壇，另有4萬多個金銀香爐和聖物盒，以及無數的金銀財寶，不過大部分也已被掠奪回威尼斯。1453年伊斯坦堡轉為鄂圖曼帝國主政後，蘇丹穆罕默德二世將之改為清真寺，原本教堂內的鑲嵌畫也陸續被塗上白漆，直到20世紀才又重現於世人眼前。

　　而聖蘇菲亞大教堂之所以會如此有名，不只是這些華麗的裝飾，更在於這座建築曾為基督教教堂，後來鄂圖曼帝國又將之改為清真寺(只花了

短短5年的時間)，建築的許多細部可看到這重重疊疊的歷史轉變。

DATA

🌐 ayasofyamuzesi.gov.tr

✉ Ayasofya Meydani, Sultanahmet Fatih

☎ +90(212)522 1750

🚃 搭電車T1到Sultanahmet，往下坡步行到廣場即可看到左側的大教堂

🕐 09:00～17:00，夏季為09:00～19:00

💲 72TL

 豆知識

淚柱的起源

　　據說查士丁尼大帝因頭痛到教堂祈禱時，靠在這柱子上休息，頭痛竟奇蹟般痊癒了。後來信徒也紛紛來摸這根因連接著地下水池而總是帶著水氣的濕柱祈禱，長久下來就形成了這個凹洞。

必看重點

大圓頂

高31公尺,採質輕的紅磚建造。除了象徵天國之外,還有著護蓋聖潔殿堂之意。前後各以一個半圓形小圓頂裝飾。為全球最著名的五大拱頂之一,歐洲許多建築深受其影響。

壁龕

原為教堂的主祭壇,上面有著聖母與聖嬰的鑲嵌畫,改為清真寺後才增設朝向麥加的壁龕。

講經壇

16世紀的鄂圖曼風格建築,為每週五禮拜時,伊斯蘭的宗教領袖依瑪傳教之處。

書法圓盤

分別為阿拉、穆罕默德、四大哈里發及穆罕默德後代的名字。

圖書室

鄂圖曼帝國後期所建的精美雕花圖書室,當時收藏了5千多部重要經典手稿,現多移至托普卡比宮內。

蘇丹座區

為鄂圖曼帝國時蘇丹專屬的禮拜座區。

聖母瑪利亞的手印,淚柱

教堂左側有塊總是大排長龍的銅板,據說只要將手指伸進上面的凹洞轉一圈,若滲水來,所許的願望就會成真。

淨身池

進清真寺禮拜前需先在此淨身。

拜占庭風
藝術鑲嵌畫

旅行小講堂

聖蘇菲亞大教堂2樓仍可看到多幅保留完整的鑲嵌畫，而這也是拜占庭藝術的特徵，以大量
的黃金鑲嵌畫裝飾，打造出宛如天堂般的聖殿。拜占庭藝術最大的特色在於人物的表情，
可仔細觀賞。

▲2樓迴廊進入南殿的天堂地獄之門，右為有花紋的天堂，左
為沒有任何裝飾的地獄

◀「耶穌、聖母、聖約翰」
雖然是基督教常見的題
材，但畫中的聖母與聖約
翰臉上的神情，勾勒出悲
憫之心，畫中耶穌舉起
手，賜福予世人，且無論
從何角度，都會覺得耶穌
的眼睛正視著你

◀聖母與聖嬰、康奈諾斯二
世國王與來自匈牙利的伊
蓮娜王后，側面則為他們
早夭的皇子，因此神情較
為悲傷。而國王手拿著錢
袋，象徵將帝國的錢財獻
給教堂

▶鑲嵌畫的側面
窗戶可遙望藍
色清真寺的圓
頂建築

▼2樓迴廊及梁
柱仍可看到較
為完整的壁畫
及雕飾

▲基督與佐依女皇夫婦。據說這位女皇帝掌權時共結了3次婚，因此
這畫上的丈夫臉孔還換過3次。皇后手拿著象徵帝國權力的書卷

伊斯坦堡 · 古城路線

地下水宮(Yerebatan Sarnıç)

玩樂篇

伊斯坦堡

由聖蘇菲亞大教堂出口出來，往右走，過馬路即可看到左手邊這座讓遊客驚艷不已的地下水宮入口。水宮實際上竟然是由336根大理石柱構成的地下蓄水池，12列壯觀的石柱從水中拔起，在水中映影的襯托下，呈現出一股奇幻的氛圍，而內部的淚柱及梅杜莎柱，更是增添地下水宮的神祕氣息。

這座水宮建於6世紀查士丁尼大帝時，據說當時動用了7千名奴隸將教堂廢墟改為蓄水池，連接起引水道，可容納10萬噸的存水量，讓城內擁有充沛的水源。鄂圖曼帝國時水宮廢棄不用，後來人們也逐漸忘記水宮的存在，只是當地居民一直聽到水聲，後來考古學家才發現這座驚人的地下宮殿。

DATA

- 🌐 yerebatan.com
- ✉ Yerebatan Cad. Alemdar Mah. 1/3
- ☎ +90(212)512 1570
- 🕐 09:00～17:30，夏季09:00～18:30
- 💲 20TL

必看重點

▲336根列柱營構出的奇幻水宮

▲淚柱

▲梅杜莎頭

體驗大理石花紋畫

對傳統工藝有興趣者可到附近的Caferiye Tekkesi工作室體驗大理石花紋畫，或後面的Cafer Ağa Medresseh土耳其文化基金會(1559年時錫南所建的伊斯蘭學校)學習陶瓷、阿拉伯書法、珠寶。

這些均涵蓋在當地的古城經典徒步行程。

🌐 www.istanbuldailycitytours.com/Istanbul-Tours

💲 每人35歐元

▲大理石花紋畫

▲遊客可體驗傳統工藝

▲伊斯蘭學校改成的土耳其文化基金會

伊斯坦堡‧古城路線

托普卡比宮 Topkapi Palace

托普卡比宮位於聖蘇菲亞大教堂側後方，可謂伊斯蘭世界的世俗表徵。整片宮殿分為4個院落及1座後宮。

450年間曾有36位蘇丹住在這座宮殿裡，為鄂圖曼帝國的巔峰盛世。當時的蘇丹記取拜占庭帝國被攻陷的教訓，特別將皇宮設在靠海的制高點，易守難攻，因此Topkapi就是「大砲之門」之意，可守衛各方，又可與庶民自然隔離開來。

DATA

http topkapisarayi.gov.tr

✉ Sultanahmet, Fatih

☎ +90(212)512 0480

🚃 T1電車Sultanahmet站，位於聖蘇菲亞大教堂側後方

🕐 09:00～16:45，夏季09:00～18:45，週二公休

💲 72TL，後宮另收42TL

必看重點

第一庭院 外廷

蘇丹外朝及御醫、工匠、宮內人員的居所，同時也是禁衛軍操練的場所。

1.正門為帝國之門／**2.**第一庭為禁衛軍操練場所，購票處及紀念品店也設於此／**3.**哈邁特三世水池(Ahmet III Cesmesi)建於1782年，為洛可可風格

第二庭院 議事廣場

過「崇敬門」，裡面的圓錐頂建築為議政廳。據說當時的官員會拿著大籃子到市集裡讓一般百姓投放請願事項，再到此反應給在小窗後的蘇丹聽。

1.蘇丹會坐在廳內，透過帝王之眼小窗聽官員議事／**2.**崇敬門／**3.**議政廳，建築上有座鐘塔，名為「公正之塔」

第三庭院 內宮

通過洛可可風的「幸福之門」即可來到蘇丹皇寢、謁見廳、圖書館、服飾展覽廳。

蘇丹房裡展示了先知穆罕默德的鬍鬚、腳印及配劍、麥加的神殿鑰匙等聖物。

1.謁見廳／2.打開謁見廳外的水龍頭，可利用水流聲防止竊聽／3.聖物室收藏許多珍貴的伊斯蘭聖物

第四庭院 亭閣樓台

這裡設了許多亭閣樓台，為蘇丹男人的世界。包括以彩磚裝飾而成的華麗巴格達亭，紀念蘇丹奪回巴格達。咖啡館也設於此，可欣賞美麗的海灣景色。

1.第四庭院為蘇丹男人們的娛樂場所／2.金頂的巴格達亭，亭內以雅緻的伊茲尼克彩磚裝飾／3.咖啡廳的景色宜人

後宮(Harem) 需另購票，42TL

蘇丹嬪妃的居所，皇太后、皇后、妃子、王子、公主均居住在此，內有300間房間、清真寺、醫院、甚至監獄，自成一個聚落，由皇太后主事，黑人太監總管，也唯有去勢的宦官才得以入內。

其中最精彩的是錫南設計的皇帝廳，盡以水晶、黃金裝飾，精緻華麗之至。除了宮殿之外，還可看到當時的御膳房及陶瓷展覽室。

寶物室

最熱門的展廳，除了下列兩項鎮宮之寶外，還可看到重250公斤的寶座、世上最大的3公斤重綠寶石。

鎮宮之寶：
湯匙小販鑽石

據傳一位漁夫打撈到這顆達86克拉的鑽石，但不識貨的他竟然以3支湯匙的代價與小販交換。而鑽石後來切割成水滴狀，四周還鑲著49顆小鑽石。

托普卡比短劍

短劍以高貴的鑽石及寶石裝飾而成，刀柄上還有3塊碩大的綠寶石。蘇丹邁哈特一世本欲以此回贈波斯王。但禮物送抵巴格達時，波斯王已然過世，因此又帶回宮。

伊斯坦堡‧古城路線
考古博物館(Archaeology Museum／Arkeoloji Müzesi)

　　靜立於托普卡比宮旁的考古博物館，是座常被遊客忽略的珍寶，這裡坐擁全球最豐富的古典藝術收藏，土耳其境內約1/3的考古文物均收藏在此，共有80多萬件。其中包括絕美的古希臘及古羅馬時期雕像、亞歷山大帝巨型石棺(仍待考證)。而這裡古石雕環繞的庭園茶室，真是個特別的飲茶環境，可別錯過了！

DATA

http www.istanbularkeoloji.gov.tr

✉ Alemdar Cad. Osman Hamdi Bey Yoku u Sk

☎ +90(212)520 7740

🚃 搭T1電車到Gülhane站，從Gülhane Park公園往上走，或由托普卡比宮第一庭院往下走

🕐 09:00～17:00，夏季09:00～20:00　💲 36TL

1.一位牧羊人在今日黎巴嫩的錫頓Sidon發現大量石棺後，催生了這座考古博物館／**2.**描繪波斯戰爭的亞歷山大帝石棺，頭戴獅頭頭盔的馬上英雄為亞歷山大帝／**3.**皇宮往考古博物館途中的冷泉街Dogukcesme sokak有許多鄂圖曼式房舍

伊斯坦堡‧古城路線
香料市集／埃及市場(Spice Bazaar)

　　位於耶尼清真寺側後方，多為食品、辛香料、小飾品、生活用品。市場建於1660年，呈L型，共有6處出口。雖然人潮也很多，不過規模比大市場小多了。之所以叫做香料市集或埃及市集是因為一開始在此開業的義大利商人，從埃及、印度進口香料到此販售；另一說是建造此建築的資金來自鄂圖曼帝國轄下的埃及省。另也推薦市場後面好逛的Tahmis Sokak街區，充滿當地的熱絡買氣，也有許多老食品店、古樸的煤油燈罩。

　　重點買物：茶、無花果乾、開心果、咖啡粉

DATA

✉ Hasircilar Cad., Istanbul, Turkey

🕐 08:00～19:00

🚃 T1電車到Eminonu站下車

1.推薦：Shoar紀念品店(地址：Misir Carsisi No 84)／**2.**市場內主要以香料、食品為主／**3.**雖名為香料市集，但仍有許多觀光客要買的紀念品／**4.**後面街區有許多老餐館(請參見P.158)

伊斯坦堡‧古城路線

蘇萊曼尼耶清真寺(Süleymaniye Camii)

　　16世紀鄂圖曼黃金時期，由當代建築大師錫南(請參見P.27)帶領他的弟子花了7年時間(1550～1557年)建造完成，並以對藝術文化最有貢獻的第七代蘇丹蘇萊曼命名。建造出伊斯坦堡這座最詩意、景色最佳的清真寺！

　　建築師透過完美比例的幾何造型架構和諧莊嚴的殿堂，並以代表完美之神的單一座中央圓頂圍構起整座建築。周區建築群彷若宗教聚落，包含古蘭經學校、土耳其浴場(現仍營業)、醫院、收容所、公共廚房等伊斯蘭慈善機構。

DATA

🌐 www.suleymaniyecamii.org

✉ Süleymaniye, Prof. Sıddık Sami Onar Cd. No.1

🚇 搭地鐵到Vezneciler站，往上坡步行，伊斯坦堡大學後面

1.靜逸而莊嚴的蘇萊曼尼耶清真寺，建於幾近正方形的基地上／**2.**建築師簡化內部構造，以簡單的圓形架構碩大的清真寺，大圓頂高53公尺、直徑26.5公尺／**3.**附近為伊斯坦堡大學，常見學生在此讀書／**4.**清真寺後面的陵墓，蘇萊曼王及皇后Roxalana與錫南均葬於此／**5.**清真寺庭院可觀賞絕佳的市景／**6.**齋戒月期間附近的餐館總是聚集許多人潮，也有許多信徒會攜家帶眷到此野餐／**7.**如果想買彩盤的話，可以到Orhan Hediyelik Eşya這家可愛、價格又合理的小商店購買，就在清真寺後側轉彎下來往香料市集的路上／**8.**清真寺正門，4座高聳的喚拜塔象徵遷都伊斯坦堡後的4代君主

伊斯坦堡・古城路線
有頂大市集(Grand Bazaar／Kapali Carsi)

這座由20多條街道、5千多家商店組成的巨大市集，建於1460年，一開始在這裡設珠寶及布料市集是為了籌措蓋聖蘇菲亞清真寺的基金。現在市場裡供應所有遊客及當地居民所需的商品。然而，這裡的商人經年累月下來的市儈氣息也讓人難以消受，可以來看看什麼叫大市集，但東西真的不需要在這裡買。

DATA
- ✉ Kapali Carsi
- 🚃 T1電車到Beyazit站，步行5分鐘
- 🕐 08:30～19:00，週日公休
- ❗ 在此購物一定要殺價及貨比三家，但殺價講定後就要買，否則會被老板掃地出門

1.大市集共有18個門，若要原路返回，要記好進來的門／2.15世紀至今的市集／3.各家商店的品質都差不多，記得多比價及殺價／4.市場內也有海泡石菸斗

周區美食

■Nuruosmaniye Köftecisi
烤肉丸傳統小店，便宜又好吃。

■Vefa Bozacısı
小麥發酵飲品老店，1876年開設，最著名的是Boza小麥發酵飲料。
- ✉ Vefa Cad. No.66
- 🕐 08:00～00:00
- 🌐 vefa.com.tr

藝文商家推薦

■Galeri Sufi旋轉舞人物畫
若想找旋轉舞人物畫或者阿拉伯文書法作品，這裡有許多優秀的作品，尤其推薦Ali的畫作。
- ✉ Bedesten Şerifağa Sokak No.42-43
- ☎ +90(212)512 3404

■Iznik Pottery Art伊茲尼克高級陶瓷
這家的價位雖然較高，但品質及花樣設計確實也較為獨特。
- ✉ Zenneciler Sok. No.23
- ☎ +90(212)528 9913
- 🌐 www.iznikpotteryart.com

■Demirok馬賽克彩燈專賣店
靠近Yorgancilar門，樣式齊全。
- ✉ Yorgancilar Cad. No 46 ☎ +90(212)511 2547

伊斯坦堡·古城路線
Tarihi Sultanahmet Köftecisi Selim Usta(烤肉丸專賣店)

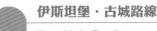

古城區最好吃的烤肉店之一，1920開業至今，看到店裡大多是土耳其當地長者在此用餐，就可以確定這是家百吃不厭的美味老餐館了。到這裡當然要吃最著名的Koftecisi烤肉丸，外皮烤得恰到好處的酥脆，裡面的肉則鮮嫩多汁，還帶著燒烤香，配上隨附的綠辣椒，真是太棒了。飲料可以點蘇打水或者酸奶。

DATA

✉ Alemdar Mh., Divan Yolu Caddesi, No.12
☎ +90(212) 513 6468
🕐 10:30～23:00
🚊 電車T1到Sultanahmet 站斜對面

▶ 這裡的米布丁也很推薦

▲ 必吃的經典烤肉丸　　▲ 古樸又乾淨的老店　　▲ 服務相當好

伊斯坦堡·古城路線
Sultanahmet Fish House小餐館

由地下水宮往上坡走，餐廳在右手邊。參觀完大教堂及地下水宮，可到這家小餐館品嘗土耳其經典的菜餚。老板相當有藝術氣質，店裡許多畫作都出自老板之手，整體布置也相當土耳其。除了烤肉類之外，這裡也有許多古城區較少見的海鮮料理，尤其推薦海鮮前菜。

▲ 焗烤料理

DATA

🌐 www.sultanahmetfishhouse.com
✉ Prof. K. Ismail Gurkan Caddesi No.14 Sultanahmet
☎ +90(212)5274 441　🕐 11:00～23:00

▲ 經典的土耳其前菜拼盤　　▲ 地下水宮及聖蘇菲亞大教堂附近的餐廳　　▲ 烤物及炸物拼盤，也相當推薦

香料市集推薦商家

▲咖啡店這區的街道也相當熱鬧好買

Kurukahveci Mehmet Efendi

為1871年開設至今的土耳其咖啡粉老店，咖啡粉仍使用紙包裝。

✉ Tahmis Sokak 66 Eminönü
http www.mehmetefendi.com

▲烤小雞翅讓人吃完一份還想再追加

Lezzet-I Sark老餐館

由老咖啡店旁的小巷繼續往前直走，這家小餐館總是坐滿人，最著名的是酥炸餡餅(İçli Köfte)及起司甜點(Künefe)。

✉ Hasırcılar Caddesi No.38 Eminönü
🕐 07:00～20:30

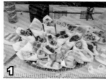 

1.石榴口味清香不膩／**2.**老軟糖店繼續往前走的街角還有家華麗的甜品店

Ali Muhiddin Haci Bekir

1777年土耳其軟糖老店，尤其推薦開心果及石榴口味，芝麻酥糖也相當棒。

✉ Hobyar Mahallesi, 1, Zahire Borsası Sk.
(獨立大道另有一家分店，請參見P.166)

此區延伸景點

耶尼清真寺(Yeni Camii)

土耳其文「Yeni」是「新」的意思。始建於1567年，共花了100年才完成。

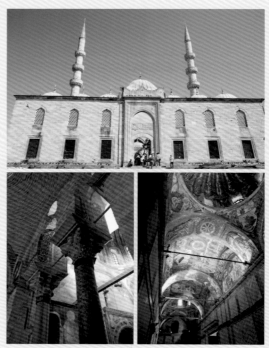

▲獨特的大理石與建築結構的運用

科拉教堂／卡里耶博物館 (Chora Church／Kariye Müzesi)

卡里耶意思是「城外」，原本為11世紀的科拉教堂，內有精彩的耶穌與聖母一生故事(如天使報喜圖)、神蹟故事(如將水變酒、治癒病人)、聖母升天、最後的審判等，為拜占庭時期的代表作品。16世紀鄂圖曼時期改為清真寺，將馬賽克和壁畫裝飾蓋掉，1948～1958年間，美國拜占庭研究院才又讓這些美麗的作品重現(見右頁)。

▲耶穌復活為最著名的濕壁畫，描繪基督復活前成功擊退撒旦，解救亞當與夏娃的景象

▲耶穌與聖母

▲人物刻意拉長，增加其飄逸的動感

▲拜堂穹頂上是聖母、聖嬰及12使徒

水道橋(Bozdoğan Kemeri)

4世紀所建的水道橋，將水引到橋上的水道，注入地下水宮的蓄水池，據考證當時君士坦丁堡所建的水道長達225公里。

著名的Fatih Karadeniz Pidecisi烤餅餐館就在水道旁，穿過水道橋的古城門，為當地美食餐廳及食品雜貨店小區，遠離觀光區，感受當地生活(Fener及Balat區，推薦這區的Naftalin Cafe)。

▲過水道下的古城門可找到許多美食餐廳及食品雜貨店

▲附近的Yavuz Sultan Selim Camii清真寺坐擁絕美金角灣景致

▲水道橋附近莊嚴和諧的Fatih Camii清真寺，側門的街道有許多當地小餐館

建築 & 伊斯坦堡文藝之旅

02

路線

玩家散步路線

歐塔寇伊區早餐→博斯普魯斯海峽遊船→朵瑪巴切宮→卡拉寇伊設計區及現代美術館午餐→Çukurcuma古董街→貝伊奧盧區(Beyoglu)獨立大道購物→佩拉傳奇酒店下午茶→土耳其浴→晚餐或購物商場Istanbul Cevahir

◀建築 & 伊斯坦堡
文藝之旅

玩樂篇

伊斯坦堡

歐塔寇伊區 Ortaköy

歐塔寇伊原本是個小漁村，現為餐廳及風格小店林立的悠閒小區，週日碼頭區還有手工藝市集(Sunday Crafts Market)，名人喜愛的高級夜店也聚集在這區。岸邊的歐塔寇伊清真寺為19世紀所建，出自朵瑪巴切宮建築師之手。高

雅清麗的水晶燈垂落在潔白的廳室裡，一掃清真寺的昏暗嚴肅感。推薦找個週末到Çakmak Kahvaltı Salonu所在的著名早餐街區(朵瑪巴切宮附近)，跟伊斯坦堡潮男潮女一起吃頓早餐。這區聚集了許多咖啡館及巧克力專賣店(如：MENDEL'S Chocolatier)。

1.清雅的歐塔寇伊清真寺／2.週日有熱鬧的手工藝市集／3.歐塔寇伊最著名的烤馬鈴薯

博斯普魯斯海峽遊船

博斯普魯斯海峽位於黑海與馬爾馬拉海之間，長24公里，寬為0.7～3.6公里，深50～120公尺。沿岸風光明媚，搭船可從另一個角度欣賞沿岸的古蹟、市景、度假別墅，因此也是遊客必玩的行程(要小心別被騙去搭私人小船)。

1.博斯普魯斯大橋連接起歐亞兩洲，為歐洲第一大吊橋，長2,851公尺／**2.**可從魯梅利城堡(Rumeli Hisar)俯看海峽／**3.**公主塔，據傳公主會在18歲時被蛇咬死，國王便把公主送到這座塔上生活，到了18歲生日當天，國王開心地帶了水果籃上塔接女兒，沒想到公主還是被籃裡的毒蛇給咬死了。少女塔前還有區熱門的濱海茶座區(可定位：Kız Kulesi Büfesi)

豆知識

博斯普魯斯(Bosphorus)的來源

古希臘文Bos是「牛」，Phoros則是「水牆」的意思。

據傳宙斯為了避免自己愛慕的女孩依娥被妻子赫拉所害，便將她變成一隻小公牛。不料夫人神通廣大，還是識破了這項伎倆，命百眼怪看管小公牛。宙斯為了救伊娥，出動兒子相助，赫拉發現後，抓了隻牛蠅攻擊小公牛，她一驚之下到處亂跑，當時還跳過這道海峽，因此取名為Bosphorus。

伊斯坦堡・建築&文藝路線

朵瑪巴切宮(Dolmabahçe Palace)

1856年蘇丹Abdüi Mecit下令建造的現代宮殿，為18世紀伊斯蘭建築師受巴洛克及新古典主義風格影響下的產物(羅浮宮＋白金漢宮＋鄂圖曼風格)。但王室移居到此後，鄂圖曼帝國便開始衰落，不到70年王室即流亡海外。

皇宮主要分為朝政辦公區(謁見廳)、大宴會廳及後宮，共有285個房間、43廳、6間土耳其浴室。宮內為華麗的巴洛克風格，採用金箔、水晶、雪花石、班岩石裝飾，據傳共用了14噸黃金及40噸白銀。

後來土耳其國父阿塔圖克也以此為家，並在此逝世(1938年)。每年只要到11月10日09:05，全民立正默哀，宮裡的156座鐘也都停在這個時間。

觀賞重點：Baccarat水晶扶梯、金箔天花板、大宴會廳裡英國維多利亞女皇所贈的4.5噸重大型威尼斯水晶吊燈。

DATA

✉ www.millisaraylar.gov.tr，可線上預約

🚇 搭T1線到Kabatas站

🕐 09:00～16:00，週一公休

💲 門票60 TL，後宮40TL

🚶 統一帶入宮導覽，禁止攝影

1.宮殿完成後，蘇丹便從原本的托普卡比宮移居到此／2.華麗的巴洛克宮殿／3.宮殿斜對面也有這樣一家美麗的小茶店

伊斯坦堡・建築&文藝路線

現代美術館(Istanbul Modern)及古董街、法國街區

將碼頭倉庫改成的現代美術館，可在此欣賞土耳其最前衛的現代藝術。

逛完美術館可到旁邊的卡拉寇伊區及對面的Çukurcuma古董街區，這兩區有著許多現代藝術小藝廊及設計店、咖啡館，再往上的法國街區(Cezayir Sokak，請參見P.167)則散發著濃濃的藝術氣息！

DATA

http www.istanbulmodern.org

🚇 T1電車到Tophane站，走過清真寺，往海邊方向走

💲 72TL

🕐 10:00～18:00，週四到20:00，週一公休

1.伊斯坦堡現代美術館／2.美術館對街往上沿路都是些設計店及古董店，靠近獨立大道的法國區則散發著波希米亞風

玩樂篇

伊斯坦堡

伊斯坦堡・建築&文藝路線
卡拉寇伊設計區(Karaköy)及亞洲區(Kadikoy)

文青1日行程

此區有許多個性小店、咖啡館,多了一股現代潮設計感,與岸邊老倉庫的頹廢工業風交融出獨特的氣息。

◄卡拉寇伊 Karaköy 文青一日行程

09:00

卡拉寇伊區的小街巷聚集許多設計小店,例如Cicekisleri可買到優質的居家生活用品,如抱枕套、超柔軟室內皮質拖鞋、手工皂等(T1線Tophane電車站Kemeralti Caddesi與Kemankeş Caddesi之間)。

10:00

伊斯坦堡現代美術館(請參見P.162)

12:00

Galata Konak Café景觀餐廳或美術館內午餐

14:00

美術館對面的Bogazkesen Cad.藝術街及Cukurcuma古董藝術街區(請參見P.167)

15:30

Kılıç Ali Paşa Hamamı土耳其浴(男女時間不同,請參見P.138)

17:00

搭船到Kadıköy站,接著轉搭T3到Moda街,或者由碼頭沿路逛過去。

卡拉寇伊亞洲區Moda街,少了觀光客,多了悠哉的庶民生活感,街區有當地物價的傳統市集、個性小店、水煙館、餐館。如Ali Muhiddin Hacı Bekir老甜品茶館、傳統或新潮咖啡館、Şirvan Halı地毯店、Borsam Taşfırın Bahariye平價浪馬軍名店及對面小巷裡的麻將區(可定位:Express Tekel)、或Ekspres İnegol Köftecisi烤肉丸老店。

*傳統市集可買到各種茶、咖啡、有機起司、香料、蔬果
*Kadife Sokak、Güneşli Bahçe Sokak小街聚集許多小酒館
*Mühürdar Caddesi街有許多獨立小店

20:00

到伊斯坦堡知名餐廳之一「Çiya」用晚餐。這家餐廳主要為安納托利亞料理,但主廚用

▲招牌烤餅Çiya Kebap

心蒐集各處的傳統食譜,因此可在吧檯選擇各地的當季傳統料理(秤重計價。有些在別處吃不到)。推薦清爽的Kisir小麥沙拉及葡萄葉鑲飯(Dolmas)、招牌烤餅(Çiya Kebap)、或烤肉拼盤、肉末烤餅(Lamacum)。吃完後可別忘了來塊現烤的開心果餡甜點(Kerebiç)。

DATA

✉ Gunesli Bahcesi Sokak No.43 Kadıkoy
☎ (0216)330 3190(建議先預約)
🕐 11:00～22:00

22:00

Kadife Sokak、Güneşli Bahçe Sokak街區的小酒館或水煙館,住宿可考慮Kadıköy的Juliet & Kitchen民宿青年旅館(參見P.101)或Double Tree旅館。

伊斯坦堡・建築&文藝路線
佩拉傳奇酒店下午茶(Pera Paras)

逛完獨立大道後,可前往佩拉傳奇酒店內的Kubbeli Saloon茶室喝下午茶。雖然這裡的下午茶普通,不過這座1892年的百年頂級旅館實在傳奇,值得過來朝聖一下。

這裡原是城內最高級的旅館,搭乘東方快車來到伊斯坦堡的貴客們,均下榻於此,因此小說家Agatha Restaurant以此撰寫了著名的《東方快車謀殺案》小說,作者曾長住的411號房及土耳其國父住的101號房,現也都改為紀念館。

旅館1樓設有一家Patisserie de Pera法式蛋糕店,提供土耳其及法國風味的手工蛋糕、杏仁餅、糕點及巧克力。

DATA

http www.perapalace.com
✉ Meşrutiyet Caddesi No.52
☎ +90(212)377 4000　⏰ 下午茶15:00～18:00
🚇 距獨立大道步行僅250公尺,到塔克辛廣場約10分鐘路程
💲 午茶套餐149TL

伊斯坦堡・建築&文藝路線
卡拉達塔(Galata Tower)

14世紀中期,義大利熱那亞人進駐這區,將6世紀的燈塔改為防衛的觀測塔,後來陸續改為監獄、天文台所用。最著名的是1632年Hezârfen Ahmet Çelebi首度使用類似飛行傘的翅膀由此飛越海峽。

遊客可以登上67公尺高的塔樓360度欣賞這座由7座小丘組成的城市。9樓設有咖啡館餐廳,白天可享用輕食飲品,晚上有肚皮舞表演。最推薦日落的禮拜時間登塔(禮拜時間請參見P.28)。

另外,塔樓周圍的小街巷一路往上到電車廣場,可比塔樓本身有趣多了,各家新潮咖啡、餐廳、設計小店、藝廊……靠近獨立大道尾端的梅夫拉納博物館(Galata Mevlana Museum),也是旋轉舞的地點(參見旋轉舞特輯P.141)。

DATA

☎ +90(212)293 8180
🚇 M2地鐵線Sishane站,由獨立大道步行約5分鐘;或搭T1電車到Karaköy站,往上坡步行約10分鐘
⏰ 塔樓09:00～20:30,餐廳12:00～22:00
💲 35TL

伊斯坦堡・建築&文藝路線

貝伊奧盧區獨立大道(İstiklal Caddesi)

玩樂篇

貝伊奧盧區(Beyoglu)在拜占庭時期多為外族占領，鄂圖曼時期仍為外國人聚居的區域，也因為這樣的歷史背景，蜿蜒的小坡道中隱藏著多元又獨特的小店。

主街「獨立大道」為熱鬧的購物街，往昔林立著巴洛克及洛可可風的大使館及富人宅邸，現多改為流行時尚品牌店。街上還有復古的老電車(Tünel)行至街頭的塔克辛廣場。中段的齊傑走廊原本為花市，旁邊是熱鬧的魚市場Balık Pazarı，廊裡改為美麗的餐廳、商店。

獨立大街(İstiklal Avenue)及尾端往卡拉達塔的Galipdede Caddesi巷的商店多為深受年輕人喜愛的小設計店，Karakoy Özsüt，則是品嘗土式早餐及蜂蜜厚奶的老餐館。

另外，也推薦距離獨立大道約2公里的Nişantaşı購物街區，這區多為精品名牌店，街區文化優雅，還可到老咖啡館品嘗美味的土耳其甜點。

DATA

🚇 地鐵2號線Sishane站或Taksim站

1.穿梭於獨立大道的可愛老電車／**2.**獨立大道多為大眾流行商品，往佩拉旅館方向的小巷則有許多個性小店及精品旅館

貼心 小提醒

小巷有騙人擦鞋匠出沒

請注意：卡拉達塔附近小巷偶爾會碰上騙人的擦鞋匠，請參見應變篇P.219。

獨立大道周邊美食推薦

Bilice Kebap銅盤烤肉店

位於獨立大道小巷內的Bilice Kebap堪稱伊斯坦堡必吃餐廳之一，餐館的布置散發傳統小店的溫馨，串串烤肉則擺在盛放著一盤盤配菜的大銅盤中間，再配上一杯鮮做的Susurluk優格，真是百分百的土式餐飲！烤肉的功力實在了得，即使是羊肉，也烤得完全沒有腥羶味！

▲廚師烤肉功力著實厲害，羊肉完全沒有腥羶味

DATA

✉ Asmalı Mescit, Asmalı Mescit Cd. No.8 34430 Beyoğlu

📞 09:00～00:30

Fıccın餐廳

位於獨立大道的小巷內，高雅卻可輕鬆用餐。提供常見的土耳其料理及一些切爾克斯料理，如著名的榛果雞肉泥冷盤「çerkez tavuğu」、肉餡餅「Chechen Börek」，除了土耳其水餃(mantı)外，也可吃到較大的切爾克斯式水餃。

DATA

✉ İstiklal Caddesi Kallavi Sokak No.13/1

🕐 07:30~24:00

獨立大道周區商家推薦

Ali Muhiddin Haci Bekir

　　1777年開的百年老甜品店，讓土耳其軟糖名揚海外的英國探險家，就是在這家店買土耳其軟糖。提供30多種土耳其軟糖(Lokum)及15種各色的硬糖果(Akide)，也可在店裡享用這裡的甜點及茶飲。尤其推薦亞洲區Kadikoy亞洲區的分店，還販售多種傳統甜點，可在1樓選好點心上2樓的茶座飲茶、享用小點。

DATA

http www.hacibekir.com

✉ İstiklal Caddesi No.83/A

☎ +90(212)244 2804　🕐 08:30～21:00

1.2.最推薦這家老店的芝麻酥糖，香酥、口感又超讚，可秤重買一大塊回家慢慢享用／**3.**亞洲區分店(參見P.158)／**4.**不在乎名氣的話，附近的Koska其實品質也很好

Demirorem百貨公司

　　獨立大街上的百貨商場，多為中價位品牌，地下樓層還有大型3C賣場。提供退稅服務。

1.內有平價品牌及大型電器3C商品店／**2.**百貨後面的街巷可看到美麗的晚霞(靠近佩拉美術館)

Galipdede Caddesi街

　　往卡拉達塔的這條街道上，可找到較特別的飾品、服裝及紀念品。小巷也有許多特色小店。

1.卡拉達塔附近較多獨具特色的商店／**2.3.**這區可找到許多新潮咖啡館、早午餐店／**4.**個性棉T

玩樂篇

伊斯坦堡

1.客製裁縫店／**2.**與Cukurcuma街交接的Bogazkesen Cad.有許多生活設計品店／**3.**沿路許多老房舍，老得真是有味道／**4.**Cezayir Sokagi法國街區

卡拉達塔與Cihangir的獨特街區

喜歡設計小店者，可至獨立大道尾端往卡拉達塔方向的Galipdede Caddesi及其交接的巷道；或者由中段的卡拉塔宮中學(Galatasaray Lisesi)旁的Yeni Carsi Cad.街走，一路往下逛，接著可左轉到Çukurcuma古董店街區、Cihangir街區。

■Yeni Carsi Cad.／高雅風格小店街

此街位於獨立大道的卡拉塔宮中學旁，沿途多為小藝廊、風格小店、餐廳。街上的塗鴉都有趣得很。

■Cukurcuma、Bogazkesen Cad.／古董、藝術街區

Cukurcuma街多為優雅老房舍改建的古董店、藝廊及咖啡館。與之交接的Bogazkesen Cad.多為居家生活設計品店。往下走，過T1電車的馬路可抵達海邊的伊斯坦堡現代美術館。

■Cezayir Sokagi、Cihangir／慵懶法國街區

若從Cukurcuma古董街往上再繞回獨立大道，途中會經過悠閒又稍微帶點嬉皮風的法國街區，這區的Kronotrop Cihangir是伊斯坦堡最著名咖啡館之一。

Nişantaşı 時尚購物區

Nişantaşı精品購物區距離塔克辛廣場僅約2公里，算是比較方便抵達的購物區，除了國際精品店及選品店外，City's Nişantaşı購物中心也值得一逛，內設有優質超市及美食街，逛累了推薦到附近的老甜品店Saray Muhallebicisi - Teşvikiye，坐在戶外咖啡座品嘗雞肉絲布丁及米布丁等土國特色甜點。

▲City's Nişantaşı購物中心內設有優質超市及時尚的美食街(但別試這裡的拉麵)

▲Nişantaşı街區的著名老甜品店，相當推薦這裡的雞肉絲布丁甜點，口感好棒！

Cookistan 烹飪課程

這家烹飪學校的名字取得實在是太巧妙了，「Cooking+Istanbul」。老師本身曾開過餐廳、又有導遊背景，深覺烹飪課程是最貼近當地生活的旅遊方式，因此開設烹飪課程，讓來到這裡的學生從美食的角度深入了解土耳其。

烹飪學校的地點很棒，位於距離塔克辛廣場僅1站的Kurtulus區，這是仍保留17世紀以來鄂圖曼式生活的小區，商家多為傳承好幾代的老店。從地鐵站走回上課地點的路程，就可參觀許多當地老店、了解傳統食材的做法、試吃，並在其中分享土耳其文化。

建議一抵達土耳其先過來上課，能快速了解土耳其，之後自己上餐廳或到其他城市遊玩更容易上手。

DATA

http cookistan.com(至少要1天前網路預約，現場付費)

☎ +90(535)574 5010

🚇 地鐵Osmanbey站，報名時會告知詳細的集合地點

🕐 09:15～14:30或16:00～21:00，週日只有下午班；另也提供蔬食料理課程

💲 110美金(只收現金)

烹飪課程這樣上

1. 集合後開始街區美食遊覽，認識許多你想都沒想過的當地食材／2. 沿路有許多平價又優質的老店／3. 一路試吃回去後，大家在美麗的客廳喝茶休息／4. 接著由老師開始示範教學，學員動手實做／5. 最後所有成員齊聚享用自己做的美食

王子群島1日遊

　　找一天搭船到王子群島(Princes Islands)騎單車或搭馬車，悠閒享受離島的慢生活吧！

　　王子群島共有9座小島，其中4座為有人居住的島嶼。之所以取名為王子群島，是因為拜占庭帝國時爭權失敗的王子被禁於此。後來這區成了許多當地人及歐洲人(尤其是希臘人)的度假勝地，各座小島上有著迷人的維多利亞式房舍。

DATA

🚇 搭T1電車到Kabataş站搭IDO或Şehir Hatları船班出發；亞洲區可由Kadikoy碼頭(面海左手邊最後一棟乳白色建築)搭船到大島布尤克島(Büyükada)或赫貝里島(Heybeliada)，船票及時刻表查詢：sehirhatlari.istanbul。

🕐 約1小時

各島介紹

赫貝里島(Heybeliada)

　　島上有土耳其海軍學校、希臘東正教老教堂及修道院，遊客不如布尤克多，悠閒許多。同樣可搭馬車或騎單車(但多坡道，會較累)。

▲赫貝里島(Heybeliada)

布尤克島(Büyükada)

　　最大、也是最熱門的島嶼，島上有聖喬治修道院、美麗的森林及沙灘。

▲布尤克島是最大的島嶼，中心還有熱鬧的主街

Kınalıada島及Burgazada島

　　住在伊斯坦堡的美國人多喜歡到Kınalıada小島，而希臘裔則習慣到Burgazada度假。

▲Burgazada小島

布爾薩 Bursa

歡樂土式生活的溫泉古都

伊斯坦堡及馬爾馬拉
海地區

　　若非滑雪季，布爾薩通常不會列於遊客的必玩
名單，然而我卻要說，初遊土耳其的遊客們，可
記得到這座溫泉古都，親自體驗歡樂的土耳其式
生活！

　　親民的大清真寺、熱絡好買的大市場、古商隊
的絲綢驛站、迷人又神聖的旋轉舞、午夜隱於
巷弄間的民俗樂茶館、羅馬帝國時期延續至今
的溫泉設施、列為世界遺產的Cumalikzik迷人山
城⋯⋯如此精彩的土式生活，怎能不來？

玩樂篇

布爾薩

交通串聯

從伊斯坦堡出發

最省力：直接由市中心的Kabataş碼頭搭BUDO渡輪到Mudanya，船程約2小時，每天6班，再由Mudanya碼頭轉搭F3公車到布爾薩市區的Ehreküstü地鐵站下車，約30～40分鐘；回程可搭地鐵到最後一站Emek(3TL)，再轉搭F3到碼頭。注意：地鐵有兩條線，要搭往Emek的捷運。

此外IDO渡輪也有從Kabataş到更靠近布爾薩的Güzelyalı港口，約2小時船程，同樣可由此搭公車到市中心，約50分鐘。

開車最快捷：由伊斯坦堡開車到Gebze，開車上船搭快艇到對岸，船程約30分鐘，再開車到布爾薩，全程約3小時。

巴士

布爾薩的長途巴士站位於10公里外，稱之為Terminal，搭計程車約35～50TL。

市區交通

市區景點多可步行範圍，前往溫泉區及Cumalikzik可善用巴士；當地人很習慣共乘計程車，計程車會沿路載客，有點像小型巴士，車費便宜又省時。

1

布爾薩行程建議

Day 1	伊斯坦堡搭船抵達，約2小時 ↓搭公車到布爾薩市區約50分鐘 旅館入住 ↓步行約5分鐘 烏魯清真寺 ↓步行2分鐘 有頂市場及絲綢驛站 ↓步行15分鐘 古城塞、綠色清真寺及綠色陵墓 ↓步行15分鐘 晚餐 ↓步行12分鐘 旋轉舞 ↓步行10分鐘 民俗樂茶館
Day 2	布爾薩市區巴士站 ↓40分鐘車程 Cumalikzik 老山城 ↓40分鐘車程 肯特購物中心 ↓5公里，搭車約15分鐘 Cekirge 溫泉區老浴池 ↓搭公車或共乘計程車 綠色清真寺及綠色陵墓

2

3

1.由市中心的Kabataş碼頭就可搭船到布爾薩附近的碼頭，另也可到Yenikapi碼頭搭船到Yalova港口轉搭巴士，全程約需3小時／**2.**中型渡輪，內部設有簡單的Bar及置放行李處／**3.**Bursa BUDO船班時刻

烏魯清真寺(Ulu Cami)

「Ulu Cami」為「大清真寺」的意思，建於1399年，為融合塞爾柱及拜占庭式的「鄂圖曼土耳其式建築」代表作。拜亞澤特一世戰爭時向真主發願，若能戰勝此役便修建20座清真寺感謝真主。雖然最後只建了1座，不過這座大清真寺的頂上也因而設計了20座小圓頂。

清真寺的外觀雄偉厚實，寺中央的圓頂下則為聖潔的土耳其綠松石藍大理石淨身池，讓人一踏進清真寺彷如來到了純淨的聖殿，是個可以輕鬆親近真主之處，非常推薦。

有頂市場(Kapali Carsi)

布爾薩自古就是絲路上的重要據點，因此布爾薩的市場範圍相當廣大，自14世紀就有大型市場存在。這區的市集逛來可有趣了，商品涵蓋各種土耳其特色商品、金飾珠寶、絲綢、生活用品、食品等，應有盡有，不但品質毫不遜色，交易方式還比伊斯坦堡的市場友善許多。

特別推薦商家

卡拉哥茲古雜店(Karagöz Antique Shop)
逛市集時，最初是受這家商店的商品所吸引，

購買完後，沒想到老板還表演了一段皮影戲，這才知道原來這家店是積極推廣土耳其皮影戲的Celikkol先生所開設的古董雜貨店。

▲店內所選的商品都好漂亮，讓人通通想帶回家啊

絲綢驛站(Koza Han)

布爾薩市區仍保留多座罕(Han)，也就是古代的商旅驛站，多為綠意盎然的迴廊式建築。市區許多驛站仍保留傳統樣式，茶館及商家交易熱絡，繼續延承這千百年的熱鬧商旅氣息。

Koza Han是1490年所建的商隊驛站，而布爾薩地區為土耳其最重要的絲綢中心，上至王公貴族，下至平民百姓，幾乎他們所穿戴的絲綢服飾均來自布爾薩。這座古色古香的驛站，就是以蠶繭交易為主的絲綢市場，目前仍有著各式的絲綢商品，選擇相當多。

▲悠閒的絲綢市場，逛完後記得跟當地人坐在庭院的茶館享受布爾薩的閒逸

玩樂篇

布爾薩

布爾薩城塞古城區(Bursa Citadel, Tophane)

布爾塞的古城區位於陡峭的丘陵上,現仍保留古老的城牆,走進老牆門,可看到各棟傳統風格的可愛老房舍。繼續往上爬則可來到奠定鄂圖曼帝國基礎的第一代王鄂圖曼Ottoman Gazi與第二代王烏爾汗之墓。陵墓曾因地震損毀重新修復,為華麗的巴洛克風格。此外,陵墓所在的Tophane公園位於制高點,可眺望布爾薩景致。

綠色清真寺及綠色陵墓(Yesil Camii & Yesil Turbe)

布爾薩是個三多的古都:清真寺多、陵墓多、澡堂多。

這座清真寺為穆罕默德一世1424年所建,是鄂圖曼時期最早建造的一座,內部全以綠色帶著淡藍色的磁磚裝飾,可真呼應了「綠色布爾薩」之名。寺旁還有伊斯蘭美學博物館,收藏各時期的陶瓷、皮影戲及生活文物。

而綠色陵墓為穆罕默德一世的陵寢,八角形建築外部為清雅的藍色磁磚,內部則有華麗的帝王棺木。

Iskender Kebabi烤肉

布爾薩最著名的為Iskender烤肉,這是一種將烤肉放在麵包上,配上優格、熱番茄醬及焦化奶油醬的土耳其烤肉。可到1867年開業至今的İSKENDER Tarihi Ahşap Dükkan創始店品嘗這項特色餐點,烏魯清真寺附近也有許多提供這種烤肉的小餐館。

免費旋轉舞(Karabaş-ı Veli Dergahı Kültür Merkezi)

在600年歷史的老宅裡,觀看老師帶領著學生進行旋轉舞儀式(為時約45分鐘)。筆者認為這裡的儀式更勝伊斯坦堡的旋轉舞,音樂也更棒,表演前後都可坐在庭院裡享用他們招待的土耳其茶,感受當地信徒全家一起到此參加儀式與大方分享的親切氛圍。 http www.mevlana.org.tr

Tip:週六晚上的儀式尤其精采!旋轉舞詳細資訊請參見P.140。

民俗樂茶館

看完旋轉舞回旅館休息了？那可不！布爾薩的夜晚正精彩呢！

Orhan Gazi Cami清真寺旁的小巷，有家小茶館是越夜越熱鬧，聚集土耳其傳統音樂樂手及歌迷，迷人的音樂，總是讓當地人忍不住與之高歌。想了解土耳其文化，當然得到這裡感受抒自土耳其人靈魂深處的情感！

老山城(Cumalıkızık)

位於布爾薩近郊的Cumalıkızık，還真是個迷人的小山城，村裡仍保留許多270多年的老建築，許多居民依舊以農為生，踏尋老石板街遊逛時，常會看到農夫們駕著農機上工去。這裡保留的可不只是老房舍，更珍貴的是山城的生活文化，現已列入聯合國世界文化遺產。

溫泉區老浴池(Cekirge)

Cekirge是烏魯山(Uludağ)下的著名溫泉區，這裡的溫泉源自山岩泉，富含對風濕、皮膚病及婦女病有益的礦物質，自羅馬時代就已建造公共浴池，拜占庭時期更是王公貴族的療養地，鄂圖曼時期加以擴建，目前仍有許多百年老浴池及溫泉旅館。其中Eski Kaplica老溫泉浴場。最早為拜占庭時期的Theodora皇后常保青春的浴場，1389年改為現今所看到的鄂圖曼風格。溫泉旅館則推薦Marigold Thermal & SPA Hotel。

而在古城區則有1484年建造的Cakir Aga Hamami浴場。

DATA

烏魯清真寺(Ulu Cami)
- http bursaulucamii.com
- ✉ Nalbantoğlu Mh
- 🚇 地鐵站Şehreküstü，步行約5分鐘
- 🕐 05:30～19:00　💲 免費

有頂市場(Kapali Carsi)
- 🚇 由烏魯清真寺步行約2分鐘，就在清真寺旁
- 🕐 07:00～20:30

卡拉哥茲古雜店(Karagöz Antique Shop)
- 🕐 週二～日09:30～17:30，表演時間週二～五10:00、14:00、週六中午

綠色清真寺及綠色陵墓(Yesil Camii & Yesil Turbe)
- ✉ 16360 Yıldırım
- 🚇 由烏魯清真寺步行約15分鐘
- 🕐 08:30～日落後禮拜結束　💲 免費

İSKENDER Tarihi Ahşap Dükkan烤肉
- http iskender.com
- 🕐 11:45～21:00
- ✉ Kayhan, Ünlü Cd. No.7 16010 Osmangazi
- 🚇 由烏魯清真寺步行約5分鐘

免費旋轉舞(Karabaş-si Veli Dergâhi)
- http www.mevlana.org.tr
- ✉ İbrahimpaşa Mah. Çardak Sok. No.2 Osmangazi
- 🕐 冬天20:30，夏季21:30開始　💲 免費

老山城(Cumalıkızık)
- 🚇 背向肯特廣場的購物中心，往左前方走可看到Holiday Inn後面的巴士站，車程約40分鐘　💲 2TL

Marigold Thermal & SPA Hotel溫泉旅館
- http www.marigold.com.tr
- ✉ Çekirge Mahallesi, 1.Murat Cad., Cekirge No.57
- 🚇 可由肯特廣場搭公車或搭共乘計程車

恰納卡萊 Çanakkale
貝加蒙 Bergama

愛琴海沿岸地區

特洛伊木馬屠城記

　　愛琴海沿岸的地勢與土壤，為橄欖的重要產地。這裡與希臘息息相關，為古希臘文明成就最高的區域。西元前1世紀羅馬人占領安納托利亞，連同這區併稱為「小亞細亞」，因此留下許多希臘羅馬古遺跡。而擁有1,200多公尺海岸線的恰納卡萊小城，自古便是歐亞要塞，商貿、宗教、軍隊在此交融，期間發生過許多重要史事，成為傳延世代的傳說。光是這個省區境內就有175個考古遺跡、5座歷史景點。

▲ 這區的主要城市為伊茲密爾

交通串聯

由伊斯坦堡可搭巴士往北沿馬爾馬拉海走，人車一起搭船過海峽到恰納卡萊，約6小時車程，較便捷的方式是搭船到Bandırma轉搭約3小時車程的巴士。

接著由碼頭或市區巴士站搭共乘小巴到遺跡區，約30分鐘車程；回程可停考古博物館參觀。

自駕遊者，參觀完特洛伊遺蹟後，可投宿阿索斯的旅館，早上參觀雅典娜神廟及亞里士多德曾居住並創辦學校的Behramkale小漁村後，行經貝加蒙往以弗所走。

衛城(Akropolis)

貝加蒙，也是亞歷山大帝過世後分立的小國(Regno di Pergamo，西元前241年～西元前133年)，歐邁尼斯二世(EumenesII)主政時，為貝加蒙王國國力最強盛的時期，建設了衛城、雅典娜神殿、宙斯祭壇等。王國在阿塔羅斯三世時，為避免戰爭內耗，決定將王國轉為羅馬管轄的自由城邦，因而得以繁盛到7世紀阿拉伯入侵後才沒落。

貝加蒙的衛城，仿自雅典的衛城，為當時最重要的學術文化中心之一，圖書館藏書達20萬冊，僅次於埃及亞歷山大圖書館。

▲衛城建於高高的山頂上，有些路段相當陡，開車務必小心，建議搭纜車上山

特洛伊古城傳說

據傳羅馬人的先祖來自特洛伊，再加上特洛伊人以10年的時間力抗希臘人，而被後世人傳頌為英雄城市，因此羅馬皇帝君士坦丁大帝曾想在此建立新都，來到此地後，受到神的指引才轉往拜占庭(今伊斯坦堡)。這區曾歷經愛奧尼亞人、馬其頓的亞歷山大大帝、羅馬時期的君士坦丁大帝等文明的洗禮，因此共發現9層考古遺跡。

根據荷馬史詩《伊里亞德》的記載，西元前1250年特洛伊王子帕里斯奪走斯巴達王妃海倫，導致希臘人帶領聯軍渡海來到特洛伊屠城。希臘聯軍中的英雄人物阿基里斯在這場戰爭中，慘遭帕里斯射中他的弱點腳踝而身亡。另一位主將奧德修斯後來想到一個巧妙的策略，假裝他們已上船準備撤退，只留下一名士兵及巨大的木馬。特洛伊人以為這長達10年的戰爭終於結束，便將木馬搬進城來大肆慶祝。不料到了夜晚，躲在木馬裡的士兵突襲特洛伊城，希臘聯軍終於成功拿下特洛伊城，如願救回絕世美女海倫。

然而這段史詩卻一直無法受到證實，終在德國商人謝里曼努力下挖到古蹟，並找到普里阿摩斯王的寶藏，及美麗王妃海倫的項鍊(柏林的博物館)，證實了傳說不只是傳說。

不過較完好的文物均已收進德國的博物館及恰納卡萊考古博物館，時間不多者，可略過此景點。

1.除了殘跡外，遊客只能登上巨大的木馬拍照／**2.**位於制高點的阿索斯雅典神廟擁有絕佳的海景

阿拉恰提 Alaçatı

愛琴海岸的古老希臘小鎮

愛琴海沿岸地區

愛琴海沿岸的希臘小鎮阿拉恰提，距離另一個度假勝地切什梅僅約10公里，原本為希臘籍居民居住的小鎮，後來土耳其與希臘簽訂洛桑條約後，雙方居民須離開成長的地方，分別返回自己的祖國。也因為這樣的歷史背景，小鎮散發著優雅的希臘風情，吸引無數遊客前來度假。

交通串聯

可由伊斯坦堡搭機到伊茲密爾，機票價錢相當便宜，機場距離市區約15公里；前往阿拉恰提可由機場搭巴士到切什梅Cesme(約1.5小時)，再轉搭當地公車過來(約15分鐘)，或由伊茲密爾機場租車到阿拉恰提，約1小時車程。

阿拉恰提(Alaçatı)

　　以葡萄園、迷人的百年老石屋、歡樂的度假氣息聞名，近年已發展為著名的濱海度假地，城內多為繽紛的茶座餐廳、精品旅館、民宿，濱海的夜生活也相當豐富。

　　此外，這區風力十足，為土耳其境內的衝浪熱點，再加上每座老石屋的窗戶各漆上不同色彩，整座小鎮繽紛而活潑，成為這區最熱門的IG拍照點。

伊茲密爾(Izmir)

　　伊茲密爾為土耳其第三大城，原為希臘人居住的城市，15世紀中後期被鄂圖曼土耳其帝國占領，第一次世界大戰又成為希臘的領土。直到1921年，土耳其獨立戰成功取得勝利，並於次年收歸為土耳其領土。

　　伊茲密爾為現代的海港城，短暫停留可到城內的大市集逛逛，接著走到開闊的濱海大道，沿岸為美麗的綠地與海鮮餐廳。

▲自駕的話可到機場附近的大型購物商場，內設有大超市，樓上美食街的老餐館也提供美味的雞肉絲布丁

▲▶大市集仍相當熱鬧，還有許多傳統小餐館、咖啡茶座

◀悠閒開闊的濱海大道

以弗所 Ephesus

希臘羅馬古文明的聖經名城

愛琴海沿岸地區

Ephesus為希臘文，土耳其文為Efes，意指「母親女神之城」，為希臘羅馬古文明的聖經名城，也是聖母瑪利亞終老之處，而阿提米斯神殿更列為古代七大奇蹟。

這座全以白色大理石打造的古城保留算完整(曾為古羅馬帝國的五大城市之一)，為土耳其最值得參訪的遺跡。走在古城內靜靜感受古文明的輝煌時，不禁想起：「天地者，光陰之逆旅，百代之過客。」

行程建議

最靠近以弗所遺跡的城市為塞爾柱，城鎮雖不大，但整個城鎮的氛圍相當舒服；若想住在濱海度假區，則可以考慮附近的Kuşadası，由塞爾柱到此約40分鐘車程，途經以弗所遺跡；而有著小番紅花城之稱的Şirince也很值得一訪，小村內仍保留許多老房舍，並以水果酒聞名，由塞爾柱搭巴士僅約20分鐘車程。

交通串聯

巴士：由伊茲密爾搭巴士到此約1小時車程；由伊斯坦堡到此約12小時。

火車：由伊茲密爾搭火車約2小時車程。

以弗所古城遺跡

西元前11世紀為希臘移民愛奧尼亞人所居，當時的人民崇敬豐饒女神阿提米斯，在哲學、文學、藝術、建築方面均有極高的成就，荷馬史詩就是在西元前7世紀開始廣為流傳。亞歷山大帝時期，這裡為愛琴海的商貿大城，城內的劇場、競技場建於此時期。羅馬奧古斯都執政時，城市發展達巔峰。後因一場大瘟疫，才逐漸沒落。

這座古城的規模比龐貝古城大8倍，仍可看到古城街道、圖書館、神廟、浴場、劇院、妓院等完整城市結構。聖保羅也曾到此佈道，聖母瑪麗亞在以弗所郊區的小屋度過晚年，讓這裡成了基督徒的朝聖地。

DATA

🌐 muze.gov.tr

✉ Efes Örenyeri, Selçuk

📞 +90(232)483 5117

🚌 由塞爾柱搭車到此約15分鐘，可請旅館安排接送計程車

🕐 08:00～18:00，冬季 08:00～17:00

💲 72TL；若會參觀愛琴海地區許多遺跡及博物館者，可考慮購買愛琴海博物館通行票(Musem Pass the Aegean，220TL)，或全土耳其通行票

❗ 遺跡共有南、北兩個出入口，若搭巴士會由靠近聖母瑪利亞教堂的北口進入；包車則由南口進，順緩坡往下參觀，司機會與乘客約在北口廣場會合。夏季要做好防曬及帶水。

1.南口進入，順著Curetes大道走，會先看到Varuys大浴場／**2.**哈德良神廟正面拱門上可看到象徵速度與勝利的Nike女神，一手持勝利的桂冠，另一手則為橄欖枝，據說撫摸女神的乳房能帶來好運；神廟旁為擁有完善沖水系統的公共廁所，樣式很像現代的馬桶；旁邊為妓院，城內地板上還可看到往妓院的標示／**3.**輝煌的圖書館建築，圖書館大門以大理石建造，正面豎立了智慧、命運、學問、美德4尊雕像，館內曾收藏1萬多冊書籍，還規畫了個人閱讀室／**4.**圖書館精緻的浮雕

路上觀察 有趣的妓院路標

走在大理石道上，可以仔細尋找「錢幣＋女人頭＋心＋左腳印」的標示，這意味著「當你有顆寂寞的心，而且腳大於這個腳印的成人，便可以帶著錢往左前方走向正在等待著您的女子。」

以弗所遺跡區景點示意圖

北入口

南側入口

① 港口街 (Harbor St.)
② 古羅馬大劇場 (Great Theatre)
③ 下層古市集 (Lower Agora) 及海口浴場 (Harbour Baths)
④ Celsus 圖書館
⑤ 大理石大道 (Marble St.)
⑥ 妓院 (Brothel)
⑦ 古住宅區及精品街區

⑧ 古公廁
⑨ Scholastica 古浴場入口
⑩ 哈德良神殿 (Hadrian's Temple)
⑪ 圖拉真噴泉 (Trajan's Fountain)
⑫ Curetes 大道
⑬ 海力克斯門 (Hercules Gate)
⑭ 曼奴斯紀念碑 (Memmius Monument)

⑮ 圖密善神殿 (Temple of Domitian)
⑯ 祭壇
⑰ Pollio 噴泉
⑱ 市政廳 (Prytaneon)
⑲ 音樂廳 (Odeon)
⑳ Isis 神廟
㉑ 上層古市集 (Stage Agora)
㉒ Varuys 大浴場

其他景點推薦

考古博物館(Efes Müzesi)

以弗所出土的文物多收藏在此，包括精彩的濕壁畫、鑲嵌畫、錢幣、雕像，如休息的士兵、海豚上的愛神。其中最受矚目的為2世紀出土的兩座豐饒女神阿提米斯雕像。女神的胸部約有20個乳房，象徵著蜂卵、牛睪丸，也就是豐饒之意，下半身則有獅子及蜜蜂雕刻，此為女神的象徵。

庫莎達西(Kuşadası)

Kuşadası為「鳥島」的意思，不過這指的應該是由陸地步行抵達的迷你島，鴿子島Güvercin Adası，島上有著曾為海盜據點的城堡及美麗庭園。現為愛琴海沿岸最著名的度假勝地，並可由此搭船到希臘的Samos小島。

Şişçi Yaşar'ın Yeri葡萄藤下的烤肉店

參觀完遺跡後，午餐可回到塞爾柱市區享用香噴噴的烤肉。這家烤肉店可是當地人的最愛，不但餐點好吃，用餐區在濃密的葡萄藤下，好迷人的餐館！

晚餐可考慮市區主街上的TAT Restaurant小餐館，推薦Pide烤餅、焗烤料理及鐵盤雞肉飯。傍晚則可到市區公園的Café Carpouza咖啡館，享受塞爾柱這個城市的優質生活。

DATA

✉ Atatürk Caddesi, Asfalt Üzeri Akıncılar Camii Yanı(清真寺旁)

🕐 11:00～01:00

▲葡萄藤下香噴烤肉

費提耶 Fethiye
卡敍 Kaş

動人的綠松石海岸

地中海沿岸地區

　　Turquoise是土耳其文的綠寶石，而地中海的美，讓土耳其人稱之為「綠松石海岸」。地中海沿岸純淨的海水宛如綠寶石迷人。此外這裡悠遠的文化遺產一點也不輸愛琴海沿岸，並有各種有趣的活動，如出海跳島旅行，到卡敍潛水看古蹟，當然，乘上飛行傘在高空讚嘆這片海域的美，更是不容錯過！

　　費提耶為地中海沿岸的古老城市，現仍可看到利西亞時期的遺跡，小城也擁有平靜的海域及可愛的市景，吸引不少遊客前來居遊。

　　費提耶市區充滿了悠慢的度假氣息，魚市場還有著美味又迷人的用餐環境，市場則有各式價格實在的小店。

玩樂篇

費提耶、卡敘

交通串聯

飛機：費提耶最近的機場是53公里外的Dalaman Airport，搭巴士到費提耶約1.5小時。

巴士：由安塔利亞搭車到此約3.5小時(繞海線約6小時)，到卡敘約2～2.5小時，到死海僅約15分鐘車程。開車到棉堡約3小時車程。

行程建議

費提耶市區不大，均可步行參觀。隔天參加早上的飛行傘行程(Paragliding)，時間較充裕者還可暢遊地中海小島及前往溪谷探險(Saklikent Gorge)，或者前往卡敘。行程預訂：均可請當地旅館代訂；預訂前記得先查詢氣候。

Day 1 ## 2日行程規畫

1.費提耶Paspatur老市集內的茶座／**2.**氣氛歡樂的魚市場，可到此享用晚餐／**3.**這種鄂圖曼風格的錢包相當適合當伴手禮／**4.**老市集內可找到許多特色產品

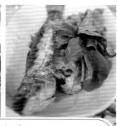

遊船之旅 (約30～50TL／每人)

4月中～10月可參加遊船行程，一般會參觀5至6個小島。另也很推薦在船上BBQ日落行程(19:00～23:00)。或者參觀市區的考古博物館及岩窟陵墓，這座陵墓為安納托納亞北區的國王Amyntas之墓。

Hilmi海鮮餐廳

到費提耶晚餐一定要到魚市場報到，熱絡的用餐氣氛，絕對會把你的度假氛圍推到最高點。

可以在魚攤購買海鮮，接著請商家將海鮮送到指定的餐廳料理。或直接入座Hilmi餐廳點各式海鮮及牛肉料理，並可到櫃台選當日的前菜。

飛行傘之旅(Ölüdeniz Paragliding)

死海(Ölüdeniz)，是地中海與愛琴海的交會，字面意思是「死海」，因為這片海域總是風平浪靜，呈藍綠色寶石般的海水色，這藍，還真是無處可比。

最棒的欣賞方式當然是從1,700公尺高的Babadağ山搭乘滑翔傘一路飛到Belceğiz海灘，乘著飛行傘，遨遊在這片海域上悠賞美景！

注意 旅行業者所拍的照片需要另外付費，費用不便宜(90～100TL)，不過買相片光碟有點是給教練小費的意思，所以還是可以買。

會暈車的人，到最後或許也有點想吐，還好飛行時間不是太長，忍一下就過了。

DATA

💲 約800TL／每人

🕐 早晨或日落前，全程約45分鐘

參加Sakliken Vadisi溪谷溯溪泥巴浴行程

Sakliken Vadisi這座名為「隱密之谷」的峽谷，是Esen河貫穿山脈所形成的，長18公里，需橫渡溪流才得以抵達。溪谷中的泥土細緻且富含礦物質，許多遊客會抹在身上，溯溪之餘，順便美容。溪谷園區外面還有多座茶屋，可躺在溪邊的吊床、茶座享用餐飲。(溯溪行程每人45TL)

▲水流湍急、溫度低、石滑，須穿防滑保暖的膠鞋

注意 峽谷很窄，溪水長年不見日，水溫均僅約10度。，須著防滑保暖的膠鞋

不想參加行程，也可搭共乘小巴到此，約1小時車程，建議裡面直接穿著泳衣。

▲冰涼的溪水中還設有椅子讓人坐在這裡泡腳休息，樹蔭下則有小茶攤

▲溪谷園區外悠閒的茶座，自駕者可到此乘涼、享用午餐

前往卡敘 Kaş

卡敘為地中海沿岸另一個熱門的度假地，這裡雖然沒有沙灘，多為岩岸，但卻可潛水，或到科寇島 Kekova 看水底的羅馬古城遺跡、搭船到 Meis 島看藍洞。

而且卡敘這個小鎮實在太迷人了，主街上的小店商品又特別，雖然是個迷你觀光鎮，卻出奇地好逛(5～10月較熱鬧、適合前往)！

自駕遊者，前往卡敘途中也可停桑陶斯及萊頓，這兩個地方為利西亞時期的重要城市，以西元前4世紀所建的柱狀陵墓最為珍貴，為世界文化遺址。

DATA

🕐 距離費提耶約110公里，2.5小時車程

卡敘悠閒度假這樣玩

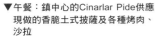

▲▲Miskin Kahvalti 是個美麗的早餐地點，可一面用餐、一面看著出港的船隻及藍海

▲參加當地潛水行程：早上出海，約中午回，潛水價格約台幣一千多，根本就是歐洲版的泰國！或搭船去尋找沉入海底的西美納古城(Kekova ve Kalekoy 行程)

▼午餐：鎮中心的 Cinarlar Pide 供應現做的香脆土式披薩及各種烤肉、沙拉

▲雖然卡敘鎮內沒有細沙沙灘，但很推薦開車到距離卡敘約20公里的 Kaputas Beach 這個美麗的白沙灘(設有沖水設備、可租傘及躺椅)

▲遊逛卡敘城區：非常推薦5月底、6月上旬過來，雖然還是水冰的淡季，但已經可以出海潛水，小鎮的遊客還不算太多

▲回程可停濱海公園的 Turizm Park Kır Lokantası 餐館看著海灣及卡敘夜景悠閒用餐

▲卡敘實在是太好逛了，鎮內的老巷弄超迷人

安塔利亞 Antalya

地中海沿岸地區

集古跡、沙灘、悠閒生活於一身的度假城

　　位於土耳其南岸中段的安塔利亞，擁有蔚藍的海岸與純淨的沙灘，為土耳其境內旅遊設施最完善、也最知名的濱海度假城市。

　　這個城市始建於西元前2世紀，為拜占庭帝國及鄂圖曼帝國時期的重要海港，古城區Kaleiçi仍可看到羅馬時期的哈德良城門、塞爾柱時期的清真寺及地標Yivli宣禮塔，街巷林立著迷人的鄂圖曼房舍；堡壘周區為熱鬧的步行街區。

　　沿濱海大道走即可抵達考古博物館，重要收藏包括希臘神像(黑白大理石拼接的舞女)、精美雕刻石棺，及聖誕老人聖尼可拉斯的部分遺骸。

　　安塔利亞更以濱海度假聞名，市區即有Konyaalti沙灘區，若想到較安靜的細沙沙灘區，則可到車程約半小時的Lara區。此外還可到壯麗的杜登瀑布、搭纜車上山看雲海，由南部沿岸也可搭船跳島至希臘羅德島(1小時船程)。

玩樂篇

安塔利亞

安塔利亞這樣玩

◀▼遊賞古城區(Kaleiçi)：迷人的鄂圖曼風格街屋與巷道、羅馬舊海港(可由此搭船出海看杜登瀑布，來回約2小時)、古堡壘及周區超好拍街巷、西元130年的哈德良城門、五角形的Saat Kulesi鐘塔

▼ŞŞişçi İbo Konyaaltı Şubesi晚餐：沙灘區最熱門的餐廳，週末記得先預約

▼悠閒的阿塔圖克濱海綠園(Atatürk Parkı)

▲濱海景觀餐廳午餐：阿塔圖克公園沿岸有多家景觀餐廳

▲古城酒吧區：Luna Garden後面這區為古城熱鬧的酒吧區，尤其是Old House Hostel & Pub這區

▲考古博物館：土耳其境內收藏最豐富的考古博物館之一，包括上百尊1,800多年前的古羅馬時期雕像、精雕的石棺、古墓挖掘出的小文物

▲Konyaaltı Beach沙灘區：雖然多為石攤，但規畫良好，市民散步、游泳、騎車、踢足球的最佳區域

▲漂亮又美味的棉花糖咖啡

考古博物館欣賞重點

1.《舞者》飄逸的舞衣及優雅的身形，總令觀者驚艷不已／**2.**眾神之神宙斯／**3.**小亞細亞地區挖掘出的柱式大理石棺，精細地雕繪出希臘神話故事，尤其是《夫妻石棺》與《赫拉克力斯石棺》最為精緻／**4.** 2樓收藏了許多基督教的宗教畫以及聖誕老人聖尼可拉斯的下頜骨／**5.** 三惠美女神／**6.**《疲倦的赫拉克力斯》雕繪出大力神剛戰勝怪獸休息時的疲憊模樣

米拉墓窟(Myra Antik Kenti)

　　米拉為呂基亞古王國的舊稱，現稱為德姆雷Demre，曾為相當興盛的區域，為呂基亞王國的六大城市之一，也因聖誕老人聖尼可拉斯在此殉教並葬在這區而聞名。米拉遺跡區仍保留古羅馬劇場及岩窟墓群，而聖尼可拉斯教堂仍保留部分濕壁畫及馬賽克鑲拼地板。

DATA

✉ Myra Örenyeri, 07570 Demre/Antalya

☎ +90(242)871 6821

🚌 距離安塔利亞約2.5小時，距離卡敘約45分鐘

🕐 08:00～18:00

💲 36TL／人

安納托利亞
中部地區

棉堡 Pamukkale

被時光凍結的棉白瀑布

　　土耳其真是個多彩繽紛的國度，除了寶石般的動人海岸外，安納托利亞中部地區竟然還有溫泉經年累月流積，形成棉花城堡般的驚人景觀。附近Egirdir湖區的靜謐以及聞名全球的玫瑰山谷(Isparta)，又是另一番風景。

　　棉堡是土耳其最經典的地標之一，1985年列入Unesco自然及文化遺產。這區自古就是富含鈣鹽的溫泉鄉，泉水出水溫度為35度，自100公尺高的山上經年累月流經山丘上無數的小水池，水質中的碳酸鈣慢慢沉澱為宛如被定格的純白瀑布，遠看這白岩梯田組成的山丘彷如棉花城堡，因此得了個「棉堡」之名。

　　別錯過這裡的日落絕景！

▲進入石灰棚不准穿鞋，小心走，地面其實有點刺硬

交通串聯

飛機：每天有伊斯坦堡往返Denizli的班機

巴士：由伊斯坦堡搭巴士到Denizli約8小時，由伊茲密爾到此約3小時，費提耶到此約4小時；抵達Denizli後，可轉搭往Pamukkale Belediyesi方向的公營巴士，約20分鐘即可抵達棉堡。繼續往前行約15分鐘，可來到Karahayıt溫泉鎮。

行程建議

棉堡景點單純，主要為石灰棚及海爾波利斯遺跡，約半天即可看完。不過既然來到這溫泉鄉，不好好泡溫泉可真是可惜。除了古老的羅馬溫泉池外，還推薦住在附近的Karahayıt溫泉小鎮。

雖然大部分人都把Denizli當轉運站，然而這座不受遊客青睞的城市，可愛極了，走在路上可能還會被要求一起自拍，還有美味的烤羊頭！

棉堡2天1夜，這麼玩最有趣！

海爾波利斯遺跡(Hierapolis)

注重溫泉療養的羅馬人將貝加蒙王國所建的海爾波利斯城(Hierapolis)改為供大眾療養的溫泉中心，促使這座城市蓬勃發展。可惜17世紀一次大地震嚴重毀損，現仍可看到劇院上國王與酒神生平事蹟的浮雕裝飾。而遺跡內的考古博物館則是當時的大浴場改建的。

DATA

🕐 08:00～21:00，冬季08:00～17:00

💲 70TL；考古博物館8TL；溫泉浴50TL(溫泉浴池免費入場，入池泡溫泉才需付費)

📍 走進石灰棚底下的庭園區，往右轉即可看到售票處，繼續往上爬即可到山頂看日落及石灰棚全景。出發前可先上網查詢日落時間，日落前1小時進入石灰棚，就定位觀日落。之前可先參觀石灰棚北邊的海爾拉波利斯遺跡或考古博物館；自行開車者可以開到南口(途經劇院)，就不需徒步爬上石灰棚

🕐 日落時間：dateandtime.info/citysunrisesunset.php

 豆知識

海爾波利斯城(Hierapolis)

這座古城自羅馬、拜占庭帝國時期繁盛至塞爾柱帝國時期。取自貝加蒙的王妃Hiera之名。古時的居民以為這是地底冒出的毒氣，祭司吸了點毒氣後會陷入昏暈的狀態宣布神諭，因此當地信徒視此地為聖地，並建造了Hiero神殿。

16:30 海爾波利斯遺跡及考古博物館

棉堡遺蹟區並沒有限制關閉的時間，因此可以傍晚5點由高處的北門進來，先逛古羅馬遺跡區，這區沒有遮蔭，這個時間較不熱。

玩樂篇

棉堡

18:00 古羅馬浴池

倒放著古老石柱的溫泉池，仍可一窺古羅馬浴池的樣貌，深淺不一的水道也相當有趣，商店區還販售溫泉泥做的護膚產品。

19:30 石灰棚露天溫泉賞日落

若來不及進古羅馬浴池泡溫泉也不擔心，約20:00以後遊客漸散，浴池開始放出熱泉水，流經石灰棚這區的渠道，在這裡就可泡熱呼呼的溫泉了(建議進場前泳衣穿在裡面)。

＊以上時間以夏季為例，請查詢日落時間調整參觀時間

20:30 入住溫泉旅館

一面泡溫泉、一面欣賞夜景後，可驅車前往附近的溫泉鎮Karahayit，住這區的溫泉旅館。

11:00 **Denizli**用餐

Day 2

隔天離開時，可至Denizli品嘗羊頭肉烤肉，這區著名美食，不吃可惜！

貼心 小提醒

非住客也能享受SPA泡湯

據研究，古羅馬浴池這一帶的溫泉水對於心臟、高血壓、血管疾病、皮膚、眼疾相當有用，而Karahayıt這區的紅溫泉水則對風濕、骨頭有益。

一般溫泉旅館的溫泉池(非住客也可泡湯)，通常也提供按摩及其他Spa療程。

玫瑰城 Isparta
湖區 Eğirdir

湖山環繞的浪漫玫瑰之旅

安納托利亞中部地區

Egridir湖區，俗稱Pisidia，主要城市為薩迦拉索思(Sagalassos)及埃爾迪爾(Eğirdir)，6～7月也有遊牧民族的慶典Yoruk Sancagi。埃爾迪爾湖區是個寧靜的度假區，而Isparta則為全球著名的玫瑰花城，玫瑰精油的產量可是全球第一名。

▲Isparta市區花一般活潑熱情的少女們

交通串聯

飛機：最近的機場為Isparta機場，不過班機較少，到市區僅約30分鐘；也可搭到安塔利亞機場，轉搭巴士過來約3～3.5小時車程。

由棉堡到Isparta約4小時車程，由Isparta市區可搭共乘巴士前往Eğirdir，約1小時車程。

行程建議

5月下旬～6月中旬可參觀玫瑰花田，其餘月分均可參觀玫瑰精油工廠。

Isparta市區及Eğridir湖區

可先到Isparta市區購買玫瑰精油及玫瑰花果醬。

接著前往Eğirdir湖區，推薦住在Yeşil島，入住後可在島上閒逛，小街的房舍相當古樸，傍晚到湖濱餐廳或到市區享用晚餐，靜享湖區的寧和。

玫瑰之旅

若想參觀玫瑰花田及精油廠，可請旅館代為安排行程，因花農都得在太陽高照之前採收玫瑰花，須05:30左右出發。

自駕遊者，可以自行開車到附近的Gökçehöyük玫瑰山谷參觀玫瑰精油廠，谷中村民相當有趣。(Eğirdir開車到Gökçehöyük僅約25分鐘；Senir也是另一處熱門地點)

 豆知識

Isparta珍貴的玫瑰精油

 Isparta地區為全球玫瑰精油最大產地，而且Isparta玫瑰的品種為珍貴的大馬士革種，這種玫瑰的香氣是其他品種所無法比擬的。

為何玫瑰精油如此珍貴？

因為1公斤的精油可得用上4公噸花瓣，也就是2百萬朵玫瑰花。1公斤的玫瑰凝露，則需要400公斤的玫瑰花瓣。

除了購買玫瑰精油外，也推薦玫瑰果醬，完全可吃到花瓣的厚實感，品嘗這特殊玫瑰品種之香氣。

▲浮在玫瑰水上的就是珍貴的玫瑰精油

▶Eğirdir及Isparta市區都可看到許多玫瑰花商品專賣店，不過大部分純精油已被大廠牌包走，市面上的精油可能不夠精純

▲莊嚴沉靜的清真寺

▲市區的老甜點店，有些甜點真的非常甜，慎點

卡帕多奇亞

Cappadocia / Kappadokya

安納托利亞地區

鑽進奇岩怪石，踏尋煙囪精靈

　　安納托利亞為廣大的高原區，多數城市位處於1,000公尺的高原上。這區最受矚目的景點當然是精靈的煙囪遍布的卡帕多奇亞地區，簡直就是大自然鬼斧神工之作。

　　其實卡帕多奇亞的原意為：「駿馬之鄉」，因為這片肥美的土地特別適合養駿馬。千年前火山爆發的灰燼落在紅河區，形成高原凝灰層，經數千年風化及河流、雨水的沖刷，竟形成了火山岩洞、地下洞穴、山谷裂縫、一支支聳立在高原上的「精靈煙囪」，也有人說它像仙女玉腿。

　　後來，這些奇岩怪石還成了基督徒的避難場所，現在卡帕多奇亞則以洞穴旅館著稱，讓遊客實際體驗穴居生活！

交通串聯

飛機：可飛到距離格雷梅約75公里處的開塞利(Kayseri，有廉價航空Pegasus Airlines的航班，請參見機場篇P.62)，或者約45公里外的內夫謝希爾(Nevşehir)。另也有Sun Express Airlines由伊茲密爾及安塔利亞到此的班機，由機場可搭巴士到卡帕多奇亞的城鎮。

火車：高鐵現仍在建設中，可搭一般火車到開塞利，接著轉搭巴士。

巴士：安卡拉到此約3.5小時，到孔亞約4小時，安塔利亞到此則約10小時；開塞利到內夫謝希爾約1小時，開塞利到格雷梅或于爾居普也約1小時，內夫謝希爾到格雷梅約40分鐘車程。

各城鎮的規模都很小，鎮內的景點均可以步行方式參觀。

貼心 小提醒

搭長途巴士小提醒

購買巴士車票時，一定要確定票上的目的地寫的是「Göreme」，否則有可能會被載到阿瓦諾斯(Avanos)或內夫謝希爾(Nevşehir)，而不是主要城鎮。通常巴士會先到內夫謝希爾巴士站，接著轉乘免費小巴到格雷梅。

在內夫謝希爾巴士站時，有可能會被帶到旅行社向你推銷行程，而錯過免費接駁車(大巴士抵達後10分鐘出發)，這麼一來就得自己搭公車前往。

▲格雷梅市區的巴士站

豆知識

1分鐘搞懂卡帕多奇亞各城市

- **內夫謝希爾(Nevşehir)**：郊區設有機場及巴士總站，為主要交通轉運城。
- **格雷梅(Göreme)**：座落在奇岩中的卡帕多奇亞旅遊中心，最熱門的旅遊小鎮。
- **帕夏貝(Paşabağ)**：擁有最迷人的精靈煙囪景觀。
- **尖端城塞(Uçhisar)**：鎮中央有座奇岩，景致特別，交通要塞上，也可步行到格雷梅，鎮內有許多高級旅館，推薦住這區(參見P.95)。
- **于爾居普(Ürgüp)**：視野佳、多小型高級精品旅館及酒莊，不過度觀光，可感受當地生活的小鎮。
- **阿瓦諾斯(Avanos)**：紅河邊著名的陶瓷鎮，觀光客較少，較悠閒。
- **策維爾(Zelve)**：現規畫為戶外博物館，可爬上山丘穿梭於各洞穴，及觀賞夜間的3D Mapping光雕秀認識土耳其史。格雷梅到此約20分鐘車程。
- **地下城市**：目前有Kaymaklı及德林庫尤(Derinkuyu)這兩座地下城市開放參觀。

城鎮車程一覽

內夫謝希爾→格雷梅	約 40 分
格雷梅→帕夏貝	約 10 分
格雷梅→尖端城塞	約 15 分
格雷梅→于爾居普	約 15 分
格雷梅→阿瓦諾斯	約 15 分
格雷梅→地下城市	約 30 分
格雷梅→開塞利機場	約 1 小時
格雷梅→內夫謝希爾機場	約 40 分

自駕或參加當地行程

　　這一大片奇岩美景，該怎麼參訪？參訪卡帕多奇亞地區，可以自行租車遊覽區內各景點，或是參加當地旅行團，較近的路線則可搭配公車自行參觀。

　　熱門路線有：格雷梅周區的紅線及距離格雷梅較遠的地下城市與烏夫拉拉溪谷的綠線。

熱門的綠線及紅線行程介紹

紅線 較近！150TL	綠線 較遠！180TL
格雷梅周區＋阿瓦諾斯Avanos方向	**地下城市＋烏夫拉拉溪谷**
格雷梅露天博物館→谷地奇觀→尖端城塞→阿諾瓦斯用餐＋陶藝工坊＋駱駝岩Devrent→精靈的煙囪Pasabag→策爾維露天博物館(Zelve部分會安排酒莊或Esentepe觀景點) ＊約需時間：4～6小時 ＊傍晚記得去看日落 ＊晚上可去看肚皮舞晚餐秀或3D Mapping光雕秀	德林庫尤(Derinkuyu)或Kaymakli地下城市→烏夫拉拉溪谷午餐＋岩窟教堂或溪谷健行→Selime教堂 ＊約09:00～18:30 ＊早上可先參加熱氣球之旅 ＊較遠，參加當地行程較方便 ＊須健行

藍色之旅：路線是Soganli(號稱是星際大戰的拍攝地點)→Mustafapasa→于爾居普南區小村，但遊客較少，有時無法成行。

紅線行程自由行走法

　　紅線的行程並不一定要參加當地行程。想自行參觀可以這樣走。

從格雷梅巴士廣場搭「Göreme-Nevsehir」的白色小公車到Uchisar小鎮 (車程約8分鐘，每半小時一班車)。	
Uçhisar鎮	抵達後，往上坡走到鎮內的旅館區，由此可看到對面的美麗山谷，小鎮內有許多高級旅館，接著可鑽進當地的小巷道，往城堡Uchisar Castle走。
經由鴿子谷走回格雷梅	回程可多安排點時間，走峽谷路線回格雷梅。 或者，沿公路走回格雷梅，這是下坡路段，途中可停Salkım Tepesi Panorama茶館觀景，最後再到Göreme Panaroma，360度欣賞格雷梅獨特地景。

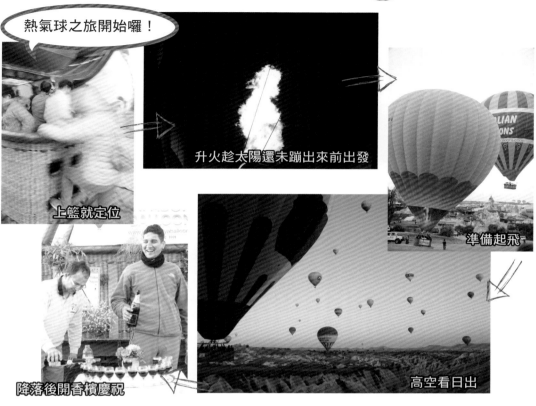

熱氣球之旅開始囉！

升火趁太陽還未蹦出來前出發

上籃就定位

準備起飛

降落後開香檳慶祝

高空看日出

特殊活動

熱氣球體驗

　　天候好才會飛行，若遇上取消的情況，旅行社通常會優先移至隔天的行程。

　　150～250歐元，約05:00起飛，飛行45分鐘，回旅館約09:00。記得帶好禦寒衣物。

　　務必慎選信譽較好的熱氣球公司，確保機師經驗及航行安全，較為知名的熱氣球公司有：Royal Balloon Kapadokya Balloons(老字號，以飛行技術及品質著稱)、Urgup Balloon(除了一般行程外，也提供較貼近峽谷的VIP行程，因此常是許多電視採訪的指定公司)、Butterfly Balloons(另一家較受好評的熱氣球公司)。

酒莊

　　這個地區於7千多年前西臺時期便開始釀酒，為土耳其最大產酒區。酒窖多設在山洞裡，較著名的酒莊為Kavaklidere，較高級的為Kocabag。

騎馬及ATV沙灘車

　　除了搭小巴士或徒步健行外，還可選擇騎馬或沙灘車遊逛奇岩峽谷(約2小時，包括愛之谷、紅峽谷、玫瑰谷等，日落行程約160～200TL)。

旋轉舞

　　有座13世紀的客棧改的旋轉舞表演場所。行程約20:30從巴士站出發，回到旅館約22:00。最好排在熱氣球行程之後，否則搭乘當天就得很早起床。(www.sarihan1249.com，約25歐元起含接送)

卡帕多奇亞3天2夜這樣玩

由於熱氣球常因氣候無法飛行，建議安排3天2夜，較有緩衝的時間。卡帕多奇亞地區可看的景點也不少，除了露天博物館外，前往烏夫拉拉溪谷健行、搭熱氣球、參觀酒莊等行程均相當有趣。

自駕者建議住尖端城塞這個較安靜的小鎮，到熱鬧的格雷梅並不遠，搭巴士者可考慮住格雷梅。

Day 1

格雷梅、尖端城塞地區及鴿子谷、日落、尖端城塞晚餐，晚上欣賞3D Mapping光雕秀。

Day 2

早上搭熱氣球、綠線行程的地下城市、烏夫拉拉溪谷健行，傍晚至玫瑰谷看日落。

Day 3

中央城塞、于爾居普、精靈的煙囪帕夏貝、阿瓦諾斯。

格雷梅露天博物館(Goreme Open-Air Museum)

Day 1

最具代表性的區域！

300萬年前，埃爾吉耶斯山(3,916公尺)和哈桑山(3,268公尺))兩座巨大的火山噴發，自然風化形成尖形的凝灰岩(Tuff)，而早年基督教隱修士將內部鑿成居所。

這區共有30多座石窟教堂、禮拜堂及修道院，均呈十字型圓頂建築，其中9座開放參觀。

最大的是托卡利教堂(Tokali Kilise)，內有最豐富精彩的宗教壁畫(10世紀拜占庭時期的畫作)，最小的則為蘋果教堂(Elmalı Kilise)，內有耶穌的一生壁畫；另有畫著盤蛇壁畫的尤蘭勒教堂(Yılanlı Kilise)、宗教壁畫保留最完整的黑暗教堂(Karanlık Kilise)(內有聖母報喜圖、最後的晚餐等)及因有著耶穌複製腳印而得其名的拖鞋教堂(Çarıklı Kilise)。

 蛇教堂觀賞重點

繪有女性胸部的老翁：傳說中美麗的埃及女神阿努菲莉絲(Onouphrios)一心求道，但追求者不斷，於是她祈求聖母將她變成老翁，以免受追求者干擾，得以專心修道。

DATA

🚌 城東1公里的山坡上，可搭小巴或計程車

🕐 08:00～19:00，冬季08:00～17:00

💲 54TL，黑暗教堂需另購門票(18TL)，另也可購買卡帕多奇亞3天通行券130TL

❗ 參觀時間約需2小時

玩樂篇 卡帕多奇亞

尖端城塞、觀景點、日落

若由格雷梅過來，可先至Göreme Panaroma觀景點，在此觀賞360的卡帕多奇亞峽谷奇景，再到Salkım Tepesi Panorama茶座休息看景，這裡還可拍到掛滿藍眼睛的枯樹，接著繼續往尖端城塞Uçhisar前進。據說尖端城塞往昔洞洞相連，內可儲水，禦敵時數月不出也沒問題，遊走於安靜小鎮巷弄相當有趣，最後可至最高處的城堡參觀。

晚餐推薦 Saklı Konak Restaurant

位於尖端城塞城堡不遠處的Saklı Konak餐廳，是卡帕多奇亞相當受好評的餐廳。雖然餐廳人員精簡，但每道料理卻一點也不含糊，就連贈送的前菜都相當好吃，著名的陶甕雞還是以傳統方式料理，服務專業，用餐環境也布置得很有品味。

DATA

http saklikonakrestaurant.com
✉ Tekelli, Hacı Alibey Cd. No.16 Uçhisar
☎ +90(530)568 14 98
🕐 14:00～22:00

優格餃子▶

策爾維露天博物館(Zelve Acik Hava Muzesi)及3D Mapping光雕秀

1952年前還有人居住在此，但為了安全起見，後來都遷居到附近的城鎮，現仍可看到岩壁上的洞穴住宅及教堂，包括描繪自然題材的葡萄教堂及鹿教堂，這些均象徵著和平、復活、永生等。

山與山之間的通道，僅容1人行走，要穿好走的鞋子，出發前記得檢查手機的手電筒功能。

晚上在策爾維露天博物館的戶外光雕秀，將卡帕多奇亞遠古時代到古羅馬、鄂圖曼帝國的長久歷史與地形演變，以投影在奇岩上的巨魄光雕秀完整呈現出來。

＊由於這是露天表演，晚上溫度較低，記得帶保暖衣物。策爾維露天博物館較偏僻些，建議訂含接送的行程。

DATA

🚌 往阿瓦諾斯的路上會經過
🕐 08:00～17:00 💲 15TL

Day 2

熱氣球

通常是04：00就得起床準備集合，飛行期間剛好可在高空看日出。建議穿著長褲及攜帶防寒外套，日出後則需注意防曬(請參見P.197)。

玫瑰谷(Rose Valley)

峽谷中有健行路線，途經好幾座老教堂，可看到7世紀的雕刻及11世紀的濕壁畫。這裡也是看夕陽的好地方，晚霞映照在紅峽谷，極為壯麗！

浪漫的日落景色▶

烏夫拉拉溪谷健行

沿著長14公里的烏夫拉拉溪谷(IhlaraVadisi)健行，可看到以往基督徒避居於此的5千多戶住家及105間教堂。可先參觀Agacalti Kilisesi教堂，再沿溪谷徒步4公里，中途可在溪邊的小木屋茶座舒服臥躺著享用茶及烤餅，接著到岩窟教堂(Selime)。

▲溪谷旁設有茶座，可舒服躺在茶屋裡歇息

德林庫尤(Derinkuyu)及凱馬克勒(Kaymakli)

迷宮般的地下城市

7世紀時基督教徒為了逃避迫害到此鑿穴而居，洞洞之間相互連通，深入地下幾十公尺，規畫有糧倉、馬廄、臥室、廚房、釀酒室、通氣口，甚至禮拜堂、學校。地下城相當注重通風設施，最深的通風井長達86公尺，就連最下層都可吸到新鮮空氣。

這區的地下古城之中，以德林庫尤(Derinkuyu)城最大。名字是「深水井」的意思，因為有一個直徑約1公尺的洞穴貫穿整座城市，每一層都得以汲水及通風。據說曾有4萬人居住，深達40多公尺，地下共有18～20層，築有1,200多個房間。

而距離德林庫尤約10公里處的Kaymaklı，地下共有8層，占地面積達2,500平方公尺，曾有2萬人居住(距離格雷梅較近)。

DATA

Derinkuyu

🚌 由內夫謝希爾搭小巴，約40分鐘車程開放
🕐 08:00～19:00，冬季08:00～17:00 💲 42TL

Kaymaklı

🚌 搭小巴士到內夫謝希爾，轉搭小巴約30分鐘車程 🕐 08:00～19:00，冬季08:00～17:00 💲 42TL

貼心 小提醒

早點出發，避開人潮

兩個地下城擇一即可，哪輛車先到就去那個。散客最好早一點出發，或者在旅行團午餐時間參觀，避開人潮。

玩樂篇

卡帕多奇亞

中央城塞(Ortahisar)

Orta是中央之意,因為鎮中央聳立著一塊125公尺高的岩峰,後來改為城塞。整個城鎮約分為10層,之間有通道及隧道相通,並可通往周區的岩峰。

Kale Terrasse餐廳

用餐氣氛很好,推薦第一個晚上過來感受格雷梅這個觀光鎮的熱鬧氣息。

DATA

📶 www.kaleterrasserestaurant.com

✉ Roma Kalesi Yanı Müze Caddesi

📞 +90(384)271 2808

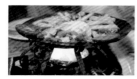

Cappadocia Pide House

若想簡單用餐或喜歡餅類者,推薦格雷梅市區的這間小餐館。

餐廳有現烤烤爐,有各種當地特色菜,例如瓦甕燉肉,是個自在的用餐地點。

阿瓦諾斯(Avanos)

紅河流經的寧靜陶瓷鎮,由於河裡的泥土富含鐵質,很適合製陶,因此城內有許多陶瓷工坊,且工法承自西臺帝國時期。

▲市區除了陶藝工坊外,也有許多地毯店

帕夏貝(Paşabağ)

精靈的煙囱(Peri Bacaları),最是可愛的一區,林立著許多葷帽型的多頭奇岩。而稱之為Paşabağ,是因為以前有位名為帕夏(Paga)的官員,在此有一片葡萄園,因此取名為「帕夏的葡萄園」。

此外,這裡以往是隱士聚集的區域,又有隱士谷(Monks Valley)之稱。4世紀時人們謠傳聖西蒙(St Simeon)會法術,他當時因而避居於15公尺高的岩洞裡,現也可看到聖西蒙禮拜堂。

DATA

🚌 位於格雷梅與阿瓦諾斯之間,繼續往內走為策爾維露天博物館 💲 免費

▲葷帽型的奇岩景觀是帕夏貝最獨特的景觀

孔亞 Konya

伊斯蘭神祕主義教派發源地

安納托利亞地區

　　傳說孔亞是聖經中大洪水後的第一個城市，1077年當突厥人在安納托利亞建立塞爾柱王朝後，由伊茲尼克遷都到此，蓬勃發展至13世紀，文化藝術達到最高峰。這裡也是伊斯蘭神祕主義教派旋轉舞的發源地。

　　然而，現在的孔亞市區交通混亂，剛進城時要有心理準備。

交通串聯

孔亞為土耳其主要城市,聯外交通相當完善。市區景點均可步行參觀,或可搭配電車參觀。

飛機: 機場位於市郊25公里處,抵達後可搭機場巴士前往市區,約30分鐘車程。每天均有往返伊斯坦堡及安卡拉的班機。

火車: 可搭火車到安卡拉,再轉車到孔亞,火車站就在市中心。

巴士: 安卡拉到此車程約3.5小時,卡帕多奇亞到此約6小時,安塔利亞到此也約6小時。巴士總站在市郊10公里處,須轉搭共乘巴士或電車前往市區。

▲蘇菲教是梅夫拉納(魯米)及其父親共同創立的教派

梅夫拉納博物館

市區主要景點為藍綠色圓錐頂建築的梅夫拉納博物館(Mevlana Muzesi)。這座建築建於13世紀,原為蘇菲派的修道院,後來改為博物館。蘇菲教創辦人梅夫拉納辭世後,這裡便成了信徒的朝聖地。

梅夫拉納陵墓入口的左手邊有個浸著梅夫拉納頭巾的「四月碗」,據說具有療效。而館內主廳排放著梅夫拉納家族及蘇菲教派名人的65座棺木。廳內牆上的書法及銅盤均為梅夫拉納的名言。隔壁展示間呈現梅夫拉納生前文物,中間玻璃櫃的小盒子裡,還收藏著穆罕默德的鬍子。

＊梅夫拉納文化中心每週六有免費的旋轉舞,夏季21:00,其他季節為20:00。建議先預約:www.mkm.gov.tr。

欣賞塞爾柱藝術

若想欣賞塞爾柱時期的藝術,可前往卡拉泰博物館(Karatay Müzesi),這是塞爾柱王朝的宰相卡拉泰於1251年所設的神學院,以天圓地方的概念建造而成。正面為塞爾柱式浮雕,內部以黑、藍色馬賽克拼成象徵生命虛幻的圖案。

旁邊的小尖塔神學院,現改為木雕與石雕博物館,可從作品中看到塞爾柱樸實藝術風格的力度。此外還有1220年塞爾柱全盛時期所建的阿拉丁清真寺(Alaaddin Camii),為安納托利亞地區現存最古老的塞爾柱清真寺。

▲安納托利亞地區為土耳其重要的穀倉,除景點外,也可到市區的大市集逛逛

尚利烏爾發 Şanlıurfa

探尋千古之謎

　　尚利烏爾發原名為烏爾發(Urfa)，為了紀念獨立戰爭時奮勇抗戰的居民，而賜予Şanlı之名。在《可蘭經》中，此地是先知亞伯拉罕的出生地，為伊斯蘭教及基督教的聖地。而附近的內姆魯特山，山頂上散落著巨石神像，讓人彷如走入神迷的古老限地。當亞伯拉罕受到神的啟示前往迦南時，曾停留的哈蘭，有著伊斯蘭教最早的神學院遺跡，居民都住在如蜂巢般的泥屋中，因此稱為蜂巢屋(Beehive House)。可惜近年邊境危險，較不適合前往。

▲土耳其東南部這塊神祕的土地，總讓旅人不遠千里前來探尋其中的千古之謎

玩樂篇

尚利烏爾發

交通串聯

由伊斯坦堡飛到阿德亞曼約1.5小時航程。阿德亞曼機場(Adiyaman)距離市中心約20公里。或者飛到馬拉蒂亞機場(Malatya)，距離市區約35公里。均有接駁巴士。

由安卡拉搭巴士到此約12小時，卡帕多奇亞到此約7～8小時車程。

若由阿德亞曼機場前往烏爾發，可由機場搭土耳其航空接駁巴士到阿德亞曼市區，再到巴士站轉搭共乘小巴，到烏爾發法約2.5小時車程(15TL)；若要前往內姆魯特山，由烏爾發到卡赫塔約3小時車程(19TL)；卡赫塔到阿德亞曼約1小時車程(4TL)。

行程建議

建議1 飛到尚利烏爾發機場，先參訪烏爾發，當天可住烏爾發，隔天早上再前往內姆魯特山，參加日落行程。

建議2 阿德亞曼機場就位於烏爾發及卡赫塔這兩個城市之間。抵達當天晚上可住在阿德亞曼(Adiyaman)或卡赫塔(Kahta)，或最靠近山頂的Karadut(距離阿德亞曼機場約1小時)，參加隔天的日出行程，再由阿德亞曼飛回伊斯坦堡或前往烏爾發，由此飛往伊斯坦堡。

日出行程24:00出發，日落行程13:00出發。最佳旅遊時間是5～10月，天候不佳會封山。內姆魯特山上夏季也要注意保暖。

尚利烏爾發古城(Saliurfa Kalesi)

這個邊境城市以先知亞伯拉罕的出生地聞名，主要景點為先知的出生地、聖魚池(Balıklıgöl)及山丘上的古城塞。

亞伯拉罕出生地

據說當時有位預言家向國王說當年出生的新生兒會導致王朝衰亡，國王聽了便下令殺掉所有新生兒，亞伯拉罕的母親因而躲入山洞生養亞伯拉罕到7歲。這個稱之為Dergah的洞穴，現也成為朝聖地，裡面仍有聖水湧出，許多信徒會到此祈禱療癒病痛。

聖魚池塘

位於亞伯拉罕出生地旁，是亞述王國的統治者對亞伯拉罕行火刑之處，據說當時行刑時，天神將火變成了水，柴變成魚，因此這裡便成了聖池，至今池裡的魚群仍被稱為聖魚。而魚池北側的Rıdvanıye清真寺又稱為魚池清真寺，為1736年鄂圖曼時期所建。

古城塞

參觀魚池及出生洞穴後，可往上坡爬到古城區，這是3,500多年前西臺時期的遺跡，現還可看到25座石塔，高達10～15公尺。

1. 亞伯拉罕幼時居住的山洞就在Mevlid-I Hali清真寺旁／**2.** 烏爾發主要景點都集中在聖魚池周區／**3.** 許多信徒會來Dergah洞穴祈求神治癒病痛

內姆魯特山(Mt. Nemrut)

世界最高的露天博物館。西元前163年,科馬吉尼小王國(Commagene)的安提歐克斯一世王(Antiochos I),在2,150公尺高的山頂上,以巨石神像建造自己的墳墓。如今站在這巨大神像散落各處的山頭,再望向周圍蒼茫壯闊的山景,宛如置身於神祕未知的國度。

這座圓錐形墓的東西兩側各排著5座神像與老鷹、獅子石像。據記載,安提歐克斯一世王的父親來自東方的波斯王朝,母親來自西方的馬其頓王朝,因此這裡擺放了東西方諸神,象徵東西文化的結合。

內姆魯特山下的卡赫塔是個很小的城鎮,市區並沒有什麼景點,阿德亞曼城市稍微大一點,北部的Malatya較為熱鬧,也是熱門據點。參加行程是最便利的方式,旅館均可代為預訂。

前往方式請參見P.205的「交通串聯」。

3.東側可看到波斯的鷹神及諸神像,每個都達7〜8公噸／4.萬獸之王獅子象徵陸上的力量,天神使者老鷹則代表天界／5.阿波羅／6.命運女神堤喀

1.安提歐克斯一世王的雕像也跟諸神像放在一起／2.大力神赫拉力斯

烏爾發大市集(Bazaar)

這個市集實在是太好玩了,一踏入市集便可聽到此起彼落的敲打聲,彷如回到舊時代,老工藝師仍以手工處理著羊毛、製作銅器、木器,轉進小巷霍地看到一個小空地,圍坐著各家忙碌的裁縫工坊。寶一般的市集啊!

美|食|推|薦

烏爾發烤肉

將肉丸跟茄子、番茄串在一起烤,為這區著名特產,市區小館隨處可見這樣的美味烤肉。

番紅花城 Sanfranbolu

古樸的鄂圖曼小鎮

黑海沿岸地區

距離黑海約50公里、群山環繞的番紅花城雖然有許多觀光客，卻一點也不讓人討厭，更增添了歡樂的遊逛氣息。此地因盛產番紅花而得其名，14～17世紀以來，為絲路必經的商貿重鎮。城內共有800多座19世紀所建的鄂圖曼民居，已列入Unesco世界文化遺產。這裡的古民居為木質紅瓦頂的小吊腳樓，古韻十足，尤其是Çarşı古城區。自駕遊者還可到可愛的濱海小鎮阿瑪斯亞，或繼續往東到著名的特拉布宗峭壁修道院。

交通串聯

■ 可搭火車、飛機至Zonguldak，再轉搭車至番紅花城，約1.5小時車程。。

■ 番紅花城共分為3區，Kıranköy區是巴士總站所在地，Bağlar區是有錢的番紅花城人夏天會住的高級住宅區，冬天則住在屋子保暖效果較好的Çarşı古城區，由巴士總站到古城區需轉搭計程車或小巴前往(上坡路段)，約10分鐘車程。古城區各景點均可步行參觀。

番紅花歷史博物館(Safranbolu Kent Tarihi Muzesi)

可完整了解番紅花城的歷史、工藝文化、鄂圖曼時期的家具擺飾等。另還可參觀民居博物館(Kaymakamlar Evi)，接著往上爬到希德爾立克山丘(Hidirhk Paeki)眺望古城。

 豆知識

鄂圖曼古民居

100～200年前的古民居，牆面以稻草、泥土、蛋汁建造，這樣的材質具良好的保溫效用。1樓通常是馬車停放處及交誼廳，2樓則為家人的起居空間。

阿拉丁街區(Alaadin Sokak)

這區原本有許多鞋藝工坊，現在則轉為熱鬧的觀光商圈，林立著許多好買的紀念品店，逛累了還可走進百年老甜品店品嘗番紅花茶，或在等待手工皮鞋製作的空閒時間，跟當地人挨在葡萄藤下，享一杯炭燒土耳其咖啡。

皮鞋工坊

番紅花城自古為馬鞍及皮鞋聞名的城市，現仍可看到優質的手工皮鞋工坊，皮質相當舒服，底部及外部為堅硬牛皮，內部則為細柔的羊皮。

DATA

✉ Yemenici, Çeşme Mah. Arasta Çarş No.3

  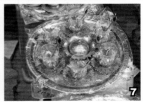

1.葡萄藤下的炭燒咖啡／2.土耳其蜂巢也相當推薦購買／3.自古以皮鞋聞名的番紅花城，這裡的皮鞋質料相當好！／4.蘭根莖(Salep)製成的裝飾品／5.古城區美麗的老街道／6.土耳其特有的蘭根莖粉／7.精美的銀質杯盤組

İmren Lokumları 老甜品店

土耳其航空接待乘客的土耳其軟糖，就是來自這家百年老甜品店，甜而不膩，又充滿堅果香，確實值得多買幾盒回家好好享用。也可在此品番紅花茶。

樓上還有家溫馨的餐廳，提供許多私房菜餚。

若想吃海鮮，自駕遊者可考慮到黑海沿岸最可愛的濱海小鎮阿瑪斯亞(Amasra)約1小時車程。

DATA

http www.imrenlokumlari.com

✉ Çeşme, Kazdağlı meydanı Çeşme mahallesi

1.百年老甜品店／**2.**番紅花布丁

 豆知識

認識番紅花

中文取名為番紅花是因為西藏的這種紅色花朵，來自土耳其及伊朗一帶，中國人視之為番地植物，因而得其名。

之所以為全球最昂貴的香料，是因為約1萬6千朵花才能收集到100克的雌蕊頭，且必須要日出枯萎前人工採收。

番紅花能降血壓、治療呼吸道感染、抗氧化，並能放鬆身心，因此對於失眠、心臟疾病、免疫力調節很有功效，但懷孕婦女不宜食用。

番紅花怎麼泡？

一杯熱水可放置5～6片的番紅花。或者在500克的蜂蜜水中放入約2克的番紅花。每次不應攝取5克以上。

特拉布宗峭壁修道院

特拉布宗一直是商貿路線上的重要城市，最著名的當屬懸在峭壁上的蘇梅拉修道院Sumela。這座修道院距離市區約46公里，整座修道院共7層樓，完全嵌在200公尺高、幾近90度的崖壁上。

據傳西元4世紀時，有兩位雅典的修道士得到神啟示，到此建立這座修道院，13世紀時獲得特拉布宗王國大力支持而得以擴大。這裡也一直是希臘東正教的朝聖地，即使到了伊斯蘭教的鄂圖曼時期，蘇丹仍特許修道院繼續使用，直到土耳其共和國時期才逐漸荒廢。

DATA

🚌 可由伊斯坦堡與安卡拉搭機到此，機場距離市區約6公里／由安卡拉搭巴士到此約13小時／由此繼續往東約2.5小時可來到土耳其紅茶產地Rize茶區

通訊篇
Communication

在土耳其打電話、上網、寄信怎麼辦？

旅遊土耳其如何打電話、上網、購買當地 SIM 卡，這裡通通告訴您。

從台灣打電話到土耳其

國際冠碼＋土耳其國碼＋區域號碼＋電話號碼

用台灣手機、市話或公共電話撥打：

撥打方法	國際冠碼	國碼	區域號碼	電話號碼
打到土耳其市話	002/009等	90	212等	電話號碼
打到土耳其手機	002/009等	90	—	手機號碼
打到台灣漫遊手機	—	—	—	直撥手機號碼

舉例說明
＊土耳其市話：(212)123-4567／從台灣撥打的方式：002-90-212-1234567
＊土耳其手機：(03)123-4567／從台灣撥打的方式：002-353-3-1234567
＊台灣的漫遊手機：0980123456／從台灣撥打的方式： 0980123456

從土耳其打電話到台灣

國際冠碼＋台灣國碼＋區域號碼＋電話號碼

用當地手機、市話或公共電話、台灣漫遊手機撥打：

撥打方法	國際冠碼	國碼	區域號碼	電話號碼
打到台灣市話	00	886	2(台北，去0)	電話號碼
打到台灣手機	00	886	去0	手機號碼

舉例說明
＊台灣市話：(02)23456789／從土耳其撥打的方式：+886-2-23456789
＊台灣手機：0980123456／從土耳其撥打的方式：+886-980123456

土耳其通信公司一覽表

電信公司	說明	網站
Turkcell	·類似台灣的中華電信，覆蓋率最好 ·通話方案包括120TL：13GB／30天有效，可免費撥打30分鐘國際電話、300分鐘當地電話	www.turkcell.com.tr/en/aboutus/traveling-turkey/local-sim-card-for-your-vacation
Vodafone	·來自英國的第二大電信公司 ·市區覆蓋率較好 ·遊客方案包括：200TL／20GB／30天	www.vodafone.com.tr/en/Holiday-Line.php (英文網頁資訊最為完整)
Türk	·覆蓋率也不錯，熱門旅遊地點幾乎都很好 ·提供比較便宜的方案像是Triple Plan，49TL：含600分鐘通話費＋1千則簡訊＋3GB上網量	www.ttmobil.com.tr/web/en/MoreSpecialOffers(英文網頁資訊較完整)

購買當地 SIM 卡
Telecom

台灣的SIM卡只要開通國際漫遊功能，都可直接在土耳其使用。

當然國際漫遊費用較貴，也可以購買1張當地可上網的SIM卡或者租用無線網路分享器(請參見P.214)，隨時可跟親友聯繫，必要時，也可上網查詢資料或查詢路線。

各城市的主要街道均可找到當地各家電信公司的店面，伊斯坦堡的機場及獨立大道均設有服務點。購買電話卡記得攜帶護照。

SIM卡大小

3種：標準大小、Micro及Nano。

如果你的手機原本是綁定鎖死的，可到當地電信公司的門市解鎖，手續費為10～50TL。

手機系統

目前提供4G網路服務。

手機費用

手機費用還算合理，國內通話費約每分鐘0.6TL，國內簡訊約0.6TL，國際簡訊約0.8TL。手機上網約150KB為2TL。(以上資訊僅供參考，各家方案費用均有所不同)

如何查詢餘額

以Vodafone為例，可以在手機輸入＊123#，按確定即會收到回傳簡訊。

如何加值

上網或電話通話量若已用完，可至該電信公司的門市購買加值券top-up voucher，接著撥打電話或者透過簡訊輸入充值單上的一組12位數字及一組5位數字即可。

▲類似中華電信的Turkcell

▲第三大私營電信Turk Telekom

▲英資與土耳其共同投資的Vodafone電信

▲各品牌手機充電站

上網

多人同遊，租用當地的無線分享器是最划算的方式。

土耳其無線網路雖然不如台灣普遍，不過旅館大多提供免費無線網路。除了辦理可上網的手機外，多人共遊建議租用多機可同時連上網的Wi-Fi網路分享器，最為划算。

租用網路分享器
Internet Access

若是短期多人共遊的話，租用Wi-Fi網路分享器是最划算的方式。通常為固定單日價錢，1日無限使用，最多可10機同時使用(包括手機及電腦)。

優點：不須將原本手機的SIM卡拿掉，可用原來的手機號碼接聽電話。

預訂步驟教學
Step by Step

以Alldaywifi為例。

 Step 選擇日期

	台灣 Global Wifi	土耳其 Alldaywifi
網址	globalwifi.com.tw	alldaywifi.com
方案	提供土耳其的無線網路分享器租貸，一般定價為450元台幣，常有399元的特惠價。(包括單國及跨國使用方案)	無流量限制，依租用天數收費。
租借方式	上網預訂及付款後，隔天就可到附近便利商店取貨或宅配到家；或者選擇在機場領取分享器(有些公司桃園、松山及高雄機場均設點)，回國後快遞送回或機場歸還即可。也可透過KKday這類的旅遊體驗平台預訂。	上網預訂，業者會將分享器送到你指定的地點。屆時會收到Wi-Fi機器一台、行動電源一個。另外還有一本小卡片，寫明Wifi密碼及操作指南。預訂時還可順便訂：轉接插頭(Adapter)、伊斯坦堡交通卡(Istanbulkart)、博物館通行證、知名景點門票(不須浪費時間排隊)、機場接送。

通訊篇

Step 2 選擇取機、還機地點

　　抵達旅館即可在櫃檯收到機器，若是在機場則可到寫著Alldaywifi的地方領取。第一站或最後一站若非伊斯坦堡，也可以選擇寄送的方式，每趟的費用是10美金。可選擇旅館、民宿、機場。若是選擇在IST或SAW機場取機，會加收10美金的費用。但不可由機場還機器。也可寄送到伊斯坦堡外的城市，單程寄送費用為9美金，來回為15美金。

　　如果有任何優惠碼，可在「Coupon Code」輸入優惠碼。

Step 3 填寫個人資料

　　務必填寫正確e-mail。

Step 4 付款

　　填寫信用卡資料進行線上付款。

▲可透過KKday這類的網站租無線網路分享器，一抵達土耳其境內即可使用網路。

郵局服務看這裡

郵局標示是黑底黃字的PTT

服務：郵寄服務、購買電話卡、貨幣兌換(需收2%的手續費)。

- 🕐 週一～五08:30～12:30、13:30～17:30
- 💲 明信片約2.8TL
- 🌐 www.ptt.gov.tr

▲伊斯坦堡部分熱門景點設有這樣的簡易郵局

應變篇
Emergencies

在土耳其發生緊急狀況怎麼辦？

大部分的土耳其人很熱心，甚至願意帶路，不過還是必須提防
有心人，出發前記得先了解一下常見的騙術及安全問題。

安全守則

旅遊期間若大城市發生重大事件，可多停留在小城市。

至「出國登錄」網頁登記
Emergencies

　　敘利亞及伊拉克邊境有些區域較不穩定，近年大城市偶有恐攻事件發生，出國前可至外交部「國外旅遊警示」網頁查詢各區的安全資訊。

　　出國前記得到「出國登錄」網頁登記，以方便外交部掌握國人出國旅遊動態及緊急聯繫，並加外交部領事事務局的Line帳號。

http www.boca.gov.tw

重要物品不離身
Emergencies

　　別將重要物品背在後面，最好背在前面。重要物品、手機也別放在桌上。

切勿亂過馬路
Emergencies

　　步行時記得走在人行道及斑馬線上，只要是行人走在人行道或斑馬線上，就受法律保障。雖然當地人常會亂過馬路，但人生地不熟的遊客，還是乖一點。

▲土耳其警察標示

▲遇到任何問題，也可向當地旅遊資訊中心請求協助

行家密技

土耳其旅遊常見騙術

大體來講，土耳其人熱情又友善，但因為遊客較多，所以也有些想發遊客財的投機分子，單行者在伊斯坦堡觀光區尤其要特別注意，像是藍色清真寺廣場、獨立大道、塔克辛廣場。出發前，讓我們先來看看在這裡可能會遇到那些騙術：

狀況1 假裝機場的旅遊服務人員

行騙手法： 會有些人過來搭訕，騙自己是旅遊服務人員，將遊客帶到一些劣質旅館、地毯店。

防範守則： 別太相信主動搭訕的人。

狀況2 帶單身男子喝昂貴花酒

行騙手法： 假裝自己也是遊客，或以拍照、借打火機為藉口開始攀談(他們的穿著通常都很得體，英文很流利)，接著問你要不要一起去酒吧喝杯酒，可這杯酒通常是令人咋舌的價錢！

防範守則： 直接拒絕，說在等其他朋友，不是單身一人。別推說明天再看看，否則會沒完沒了。

請注意： 別喝陌生人的飲料，避免安眠藥強盜事件發生。

▲比較正派的鞋匠大多有固定的營業位置

狀況3 阿伯或小伙子替你免費擦鞋

行騙手法： 過來攀談後會說免費幫你擦鞋。請注意，天下沒有白吃的午餐，這個免費的代價可能很高。

他們會假裝掉東西，讓好心的你幫忙撿起，叫住他們，然後藉此幫你免費擦鞋表示感謝。接著要求高額價錢，要是你有意見，馬上就會出現許多同伴。

防範守則： 走路時，別撿任何擦鞋匠的工具。若反射性動作撿起，請歸還後繼續往前走，別停留！土耳其確實有許多擦鞋匠，但他們會固定在某個地方，價錢約5～10TL。切記，擦鞋前要先確定價錢，語言不通者，請擦鞋匠將價錢寫下來。

狀況4 地毯店拉客

行騙手法： 假裝自己是友善的當地人，過來問你是否迷路，帶路時會剛好路過他的店，藉口說要進去拿個東西，並介紹他的家人認識。接著在店裡請你喝茶，慢慢開始推銷他們的產品。

防範守則： 最常發生在伊斯坦堡的藍色清真寺廣場及大市場周區，不要聽信主動過來說要帶路的人。

狀況5 假警察，藉故搜身，拿走貴重物品

行騙手法： 假言藍色清真寺在做禮拜，無法進入，要你到店裡參觀，常上演不購物不放人的戲碼！

＊計程車常見騙術請參見P.220

發生緊急狀況

錢財乃身外之物,如遇危險,人身安全為重!

重要物品遺失
Lost & Found

護照遺失

Step 1 先到警察局報案,申請遺失證明。

Step 2 請駐土耳其辦事處發一張「回國身分證明」,便可順利回國。

Step 3 回國後再補辦護照。

現金、信用卡遺失

　　若遇上扒手或搶劫,切記以人身安全為重。身上不要帶太多現金,盡量使用金融卡在當地取款,大筆消費使用信用卡。(如何帶錢請參見P.44)

　　信用卡遺失,馬上打電話到信用卡公司申報。

台灣駐土耳其代表處

✉ 安卡拉 Resit Galip Cad. Rabat Sok. No. 16 G.O.P. 06700 Ankara

📞 +90(312)436 7255〜6

📞 緊急聯絡電話:+90(532)322 71 62

🌐 tur@mofa.gov.tw ⏰ 週一〜五09:00〜17:00

行家密技 ## 常見計程車騙術

　　一般來說計程車都還算安全,但偶爾還是有可能遇上:

狀況 1 黑車,別搭

伊斯坦堡的計程車為黃色車身,車頂上有著「Taksi」的標示,並配有跳錶機。

狀況 2 繞遠路

防範守則:出門前可事先上網查詢路線及大約的時間,若遇上太離譜的情況,至少知道大概要殺到什麼樣的價錢。

狀況 3 喊價不跳錶

不跳錶,或者開到半途說錶壞掉了。

狀況 4 偷換錢

偷換錢或說沒有零錢找。例如你拿50TL給計程車司機讓他找錢,他可能趁你不注意偷換成5TL。

防範守則:身上最好隨時準備零錢,或者請他到商店換錢。

建議:出國前先下載Uber程式並註冊,抵達當地後可善用Uber行動。

應變篇

內急

Toilet

各大景點、清真寺旁均設有廁所。一般廁所都有坐式及蹲式兩種,都還算乾淨。

▲伊斯坦堡也設有許多收費廁所

▲通常會有坐式跟蹲式廁所

其他重要聯絡電話看這裡

警察：155

消防、急救：112

伊斯坦堡旅遊資訊中心
☎ +90 (212) 233 05 92

安塔利亞旅遊資訊中心
☎ +90 (242) 241 17 47

伊茲密爾旅遊資訊中心
☎ +90 (232) 445 73 90
🌐 其他地區的旅遊中心可查詢：www.goturkey.com

行家密技　現金救急：西聯匯款

現金遺失、身上都沒錢的話,可以請家人朋友在各地的Western Union西聯辦事處匯款,親友匯款後告訴你一組序號(MTCN),幾分鐘後即可到當地的西聯辦事處,告知匯出國名、金額、匯出人的姓名、MTCN序號、身分證件取錢。

雖然這樣的方式匯到其他地區的手續費較高(除了東南亞部分國家外),例如匯200美金約收29美金的手續費(依國別有所不同),但救急就別計較這麼多了。

倘若這種方法也行不通的話,可以聯繫當地辦事處,請他們協助。

網址：www.westernunion.asia/tc

貼心 小提醒

現金分開放,信用卡帶2張

現金最好分開放,但要記得自己藏到哪裡去了,別連自己也找不到。信用卡及金融卡至少準備兩張,分別放在不同的地方。

救命小紙條

個人緊急連絡卡
Personal Emergency Contact Information

姓名 Name：

年齡 Age：

血型 Blood Type：

護照號碼 Passport No：

信用卡號碼：

海外掛失電話：

旅行支票號碼：

海外掛失電話：

航空公司海外電話：

緊急連絡人 Emergency Contact (1)：

聯絡電話 Tel：

緊急連絡人 Emergency Contact (2)：

聯絡電話 Tel：

台灣地址 Home Add：（英文地址，填寫退稅單時需要）

投宿旅館：

旅館電話：

其他備註：

土耳其重要電話號碼

救護車：112 ／警察：155 ／伊斯坦堡觀光警察：(0212)5274503 ／消防隊：110 ／旅遊資訊：170

填線上回函，送 "好禮"

感謝你購買太雅旅遊書籍！填寫線上讀者回函，
好康多多，並可收到太雅電子報、新書及講座資訊。

每單數月抽10位，送珍藏版
「祝福徽章」

方法：掃QR Code，填寫線上讀者回函，就有機會獲得珍藏版祝福徽章一份。

填修訂情報，就送精選
「好書一本」

方法：填寫線上讀者回函，並提供使用本書後的修訂情報，經查證無誤，就送太雅精選好書一本（書單詳見回函網站）。

＊同時享有「好康1」的抽獎機會

開始在土耳其自助旅行
（最新版）

bit.ly/33pZEYj

＊「好康1」及「好康2」的獲獎名單，我們會於每單數月的10日公布於太雅部落格與太雅愛看書粉絲團。

＊活動內容請依回函網站為準。太雅出版社保留活動修改、變更、終止之權利。

太雅部落格 http://taiya.morningstar.com.tw

有行動力的旅行，從太雅出版社開始

23

太雅 **週年慶**

/ 發票登錄抽大獎
首獎 澳洲Pacsafe旅遊防盜背包

凡於 **2020/1/1～5/31** 期間購買太雅旅遊書籍(不限品項及數量)
上網登錄發票，即可參加抽獎。

首獎
澳洲Pacsafe旅遊防盜背包 (28L)

RFID晶片
防側錄口袋

專利防盜鎖扣

2名

普獎
BASEUS防摔觸控靈敏之
手機防水袋

顏色
隨機出貨

80名

掃我進入活動頁面
或網址連結 https://reurl.cc/1Q86aD
活動時間：2020/01/01～2020/05/31
發票登入截止時間：2020/05/31 23:59
中獎名單公布日：2020/6/15

活動辦法

- 於活動期間內，購買太雅旅遊書籍(不限品項及數量)，憑該筆購買發票至太雅23周年活動網頁，填寫個人真實資料，並將購買發票和購買明細拍照上傳，即可參加抽獎。
- 每張發票號碼限登錄乙次，並獲得1次抽獎機會。
- 參與本抽獎之發票須為正本(不得為手開式發票)，且照片中的發票須可清楚辨識購買之太雅旅遊書，確實符合本活動設定之活動期間內，方可參加。
- 若發票存於電子載具，請務必於購買商品時，告知店家印出紙本發票及明細，以便拍照上傳。

＊主辦單位擁有活動最終決定權，如有變更，將公布於活動網頁、太雅部落格及「太雅愛看書」粉絲專頁，恕不另行通知。